Mon enfant est-il précoce ?

Jean-Marc Louis

Mon enfant est-il précoce ?

Comment l'aider et l'intégrer en famille et à l'école

InterEditions

ISBN 2 10 006436 3

TABLE DES MATIÈRES

INTRODUCTION

L'enfant précoce méconnu

L'enfant précoce n'est pas un produit de mode. Il a toujours existé. Mais il a rarement été identifié, reconnu. Tout simplement parce que les marques de la précocité ont le plus souvent conduit à le placer, selon les cas, dans les rangs des petits surdoués ou bien dans celui des enfants difficiles, dits « à problèmes ». Et puis, il a subi la concurrence d'un autre enfant précoce : né de la rencontre, d'une part, du fantasme de parents rêvant pour leur progéniture d'un destin hors normes et, de l'autre, de théories éducatives fondées sur des compétences acquises prématurément par rapport à l'évolution générale de l'enfant qui détermine, pour chacune d'elles, des seuils donnés. Fondées sur une surstimulation générée par l'acharnement parental à faire « travailler » l'enfant, ces conceptions ne parviennent à produire que des adultes miniatures. Leur avenir nous montre assez vite, qu'ayant perdu leur enfance, ils ne deviendront, pour la plupart, jamais des individus équilibrés, responsables et surtout… heureux.

L'enfant précoce, celui qui nous préoccupe, n'est pas le fruit d'une éducation. Il est un enfant à part entière, qui s'impose à l'adulte dans une particularité longtemps ignorée. Celle-ci s'affiche de plus en plus, portée par les connaissances des sciences humaines et médicales, et également par la détermination d'associations de parents qui ont mesuré combien l'éducation — celle donnée dans les familles ou celle à dominante scolaire — est fondamentale pour que la précocité n'entraîne pas l'enfant dans une souffrance psychique telle qu'elle compromette non seulement son avenir scolaire, puis social, mais également la structuration de sa personnalité.

Précocité et réalité scolaire

Les enfants précoces ne sont pas des surdoués, comme l'acception courante du terme pourrait le laisser croire. Preuve en est la réalité scolaire qui doit faire réfléchir : près de la moitié d'entre eux redoublent au moins une classe dans leur scolarité, 33 % sont en situation d'échec clairement identifié en fin de troisième, et 17 % font des études difficiles. Une étude publiée par *Le Quotidien du Médecin*[1], menée sur une population d'enfants et d'adolescents précoces, montre que seulement 40 % d'entre eux ont atteint ou dépassé le niveau Bac + 2, et que 43 % ont arrêté leurs études après l'obtention d'une qualification professionnelle de niveau V[2]. La précocité n'est donc, a priori, pas un privilège mais pose problème.

On peut même parler chez ces enfants d'un réel paradoxe : on leur reconnaît des dons, mais ce sont des enfants fragiles qui n'ont rien de la toute puissance qu'on leur prête. En effet, si, sur le plan de l'intelligence théorique, ils montrent des compétences surprenantes, voire hors normes, tel n'est pas le cas en ce qui concerne leur affectivité et leurs capacités relationnelles. À cet égard, ils peuvent marquer un « retard » ou, tout au moins, un décalage par rapport à leurs pairs.

La première conséquence de cette contradiction en fait plus ou moins des exclus, notamment du système scolaire. On y reconnaît certes une forme de supériorité intellectuelle, mais, comme tout ce qui sort de l'ordinaire y est encore suspect, on en arrive à nier cette réalité ou, si on l'admet, on s'en protège par la mise en évidence des difficultés multiples, réelles ou imaginées, qui ne manquent pas d'apparaître. Quand ce n'est pas en avançant des arguments idéologiques ou scientifiques.

1. 22 février 1999.
2. Niveau de qualification du CAP.

Reste que ces enfants, assimilés à l'extraordinaire ou bien laissés pour compte, ont des besoins spécifiques qu'au nom de l'équité et de la prise en compte des différences, l'école se doit d'intégrer. Sa responsabilité dans la problématique n'est certes pas totale, mais elle est réelle. Sur 100 enfants précoces jugés excellents ou bons élèves en maternelle, une enquête citée par l'AFEP[1] révèle que 75 à 85 le sont encore à l'école élémentaire, 60 en cinquième au collège, 40 en quatrième. L'enfant précoce doit être identifié et aidé. Il demeure par trop un incompris, un insatisfait quand il ne vit pas un sentiment de culpabilité du fait de cette conscience d'être différent, rejeté, oublié.

Précocité et réalité sociale

Mais l'enfant précoce n'interroge pas seulement l'institution scolaire. Il secoue les fondements de la vie familiale, perturbe la dynamique relationnelle, que ce soit celle qui s'instaure entre les parents et l'enfant, mais aussi celle qui tisse les liens dans la fratrie. D'abord émerveillés par les capacités de leur enfant, par les données psychométriques, les parents sont rapidement désemparés dès lors qu'émergent les difficultés liées à sa socialisation, à sa scolarité qui semble nier les premiers constats. Devant ces problèmes, ils ne comprennent plus : le paradoxe de la précocité s'impose à eux et ils se sentent démunis. Ils n'aspirent qu'à l'équilibre de leur enfant, à ce qu'on réponde à ses attentes. Ils posent des exigences, des conflits naissent avec les structures d'accueil, mais aussi au sein du couple parental où l'angoisse s'insinue et fissure souvent la cohérence des réponses éducatives.

La précocité révèle la diversité des enfants. Elle pose également à la sphère familiale, à la société, la question de la nécessaire réalisation de soi que tout un chacun doit trouver en leur sein, au-delà de ce qui

1. Association Française pour les Enfants Précoces.

peut être une différence. Elle souligne la nécessité de prendre en compte l'intelligence, non pas comme capacité d'adaptation seule, mais comme un élément parmi tant d'autres aux formes variées qui permet d'apprendre et d'intégrer le monde. Uniquement considérée en elle-même, elle peut être facteur d'inadaptation.

Il est fondamental de mettre en place une prise en compte réelle de la précocité dans les domaines médical et éducatif, et ce, au-delà des clivages et des interrogations qu'elle suscite, pour que les quelque 400 000 enfants concernés ne restent pas les oubliés d'une société qui se veut par ailleurs, notamment devant le handicap, de plus en plus intégrative.

PREMIÈRE PARTIE

Cerner la précocité

CHAPITRE 1

Une affaire de mots ou comment dire ?

Les différentes « étiquettes » de l'enfant précoce

Avant de reposer sur des faits, qu'ils soient scientifiques ou relevant de l'expérience vécue, cette problématique de la précocité et de l'incompréhension qu'elle suscite est, on le voit, tout d'abord une affaire de point de vue, donc de mots. On connaît leur importance. Ils nomment, désignent, qualifient. Ils tissent de ce fait, quand ils nous concernent, la manière dont nous sommes perçus. Ils sont le fondement de notre identité et conditionnent notre existence. Concernant l'enfant que son intelligence place en marge de la « normalité », et qui plus est quand cette intelligence le favorise, les mots sont fondamentaux. Ceux que l'on utilise expriment à eux seuls toute la question de la précocité, ainsi que l'ambiguïté qui en découle. Ils desservent souvent le sujet concerné par ces étiquettes figées qu'ils collent à sa personne.

Enfant précoce et enfant doué

Que l'enfant dit précoce puisse être assimilé à un enfant doué, certes. Mais cela est vrai au sens où il serait caractérisé par un don, c'est-à-dire par une aptitude particulière, qui n'est pas partagée par d'autres ou tout au moins qui ne l'est seulement que par une minorité d'autres. Cette aptitude permet de développer des capacités particulières, de réaliser des performances peu habituelles. Elle dote ainsi la personne de qualités qui sont des caractéristiques positives de sa personnalité.

Cela ne place pas le sujet dans l'ordre de l'exceptionnel, mais dans celui de la particularité dans la mesure où les dons sont multiples et diversifiés et peuvent, dans leur ensemble, marquer la plupart des personnes. L'enfant précoce serait ainsi un enfant intellectuellement doué comme d'autres le seraient dans le domaine de l'habileté manuelle, de la musique, du commerce... Une distinction s'impose également avec ce que l'on appelle communément un « génie ». L'intelligence de l'enfant qui nous intéresse concerne en général, tout au moins dans la petite enfance, plusieurs domaines d'apprentissage, alors que le génie ne se distingue en fait que dans un seul.

■ *Enfant précoce et surdouement*

En utilisant le terme de surdoué, on se tient dans le registre du fantasme. L'enfant surdoué est ainsi perçu comme relevant d'un domaine quasi divin, surhumain, en tout état de cause quelque peu hors de la nature humaine. Il apparaît comme un être aux pouvoirs extraordinaires, don de quelque puissance magique. Ne dit-on pas parfois de lui qu'il est un petit génie en référence aux créatures de la mythologie orientale ? On l'assimile ainsi, d'une manière inconsciente, à quelque mystère du monde. Le « surdouement » place aussi l'enfant dans un contexte de favoritisme, voire d'élitisme dans la mesure où il y a « surdon ». Il l'entoure de préjugés, de rumeurs alimentées par la part fantasmatique de l'inconscient individuel ou collectif. Le sujet apparaît d'une certaine manière comme dangereux et on s'en protège en le niant, en même temps que cette négation entend rétablir un ordre égalitaire du monde que cet enfant ainsi perçu remet en cause. Le surdouement ne prend par ailleurs pas en compte l'aspect multiforme de l'intelligence, et l'on peut ainsi connaître un surdoué dans une matière donnée sans intelligence générale élevée.

■ *Enfant précoce et précocité*

Le terme d'enfant précoce montre lui aussi ses limites. L'idée de précocité reste d'abord trop générique, trop globale et nous verrons combien elle ne recouvre en rien l'ensemble des caractéristiques physiques ou psychologiques de l'enfant. Par ailleurs, ce qualificatif entre en résonance avec son contraire : l'enfant précoce serait le pendant positif de l'enfant « attardé », situé comme lui sur l'échelle de l'intelligence dans une « anormalité » mettant en exergue la notion de « différence » que l'on sait difficilement intégrée dans les mentalités, et qui plus est, dans le système éducatif. Or l'enfant dit précoce, tout comme l'enfant « débile » intellectuellement parlant, n'est en rien différent des autres. Ce sont leurs performances qui le sont, et par là même leurs capacités. Mais en rien leur nature propre qui reste dans tous les cas celle de l'enfance. La notion de différence qui peut émerger ici de l'idée de précocité suscite toujours une attitude ambivalente chez autrui. Celle-ci oscille entre l'acceptation, au nom d'idéaux moraux ou du fait de mécanismes psychiques personnels, et le rejet, dans la mesure où cet autre différent nous renvoie à nos peurs fondamentales, au doute porté sur notre propre intégrité. Une relation factice ou dénaturée s'établit ainsi, et ce tant dans le domaine éducatif que proprement pédagogique. Il est à noter que cette différence est valorisante dans la mesure où, pour ce qui est de la précocité, elle heurte un mythe égalitaire qui nourrit les aspirations de l'homme et qui fonde souvent les systèmes sociaux. L'enfant précoce n'est, de ce fait, pas reconnu dans sa spécificité et il est coulé dans des pratiques uniformisantes le plaçant en situation d'échec et de souffrance, notamment dans le milieu scolaire.

La notion de précocité est aussi faussée dans la mesure où elle laisse entendre une confusion des étapes dans l'évolution de l'enfant, une perturbation dans le dessin du temps. Or tel n'est pas le cas : l'enfant a une évolution normale. C'est seulement son intelligence qui le démarque. Les décalages, positifs ou négatifs, qui peuvent être constatés dans sa personnalité ne sont que la non-prise en compte de cette particularité. De plus, la notion de précocité est en elle-même dangereuse, dans la mesure où elle institue une antériorité passagère, appelant ou laissant croire à une stabilisation, un rééquilibrage, le retour à une normalité. Cela place non seulement les adultes dans une attente stérile, mais cela les conduit surtout bien souvent à vouloir anticiper cette phase plus rassurante pour eux, par le biais d'un processus éducatif à visée normalisatrice, gommant en fait toutes les compétences et richesses particulières liées à la précocité intellectuelle.

L'enfant précoce et l'école

L'enfant précoce n'est pas non plus celui que l'on peut qualifier d'enfant scolairement en avance. Nous verrons ultérieurement que le saut de classe qui peut engendrer cette situation, n'est en fait qu'une adaptation intelligente des structures de l'école aux besoins de l'enfant. Il n'est en rien le signe que celui-ci est lui-même parfaitement adapté au système scolaire, répondant au profil de très bon élève tel qu'il est défini et attendu par l'école. Un profil qui serait adapté au système et se conformant à la représentation normalisée qui est faite de lui : réussite scolaire, docilité, adhésion totale aux exigences... Il existe certes des enfants intellectuellement précoces parmi la population scolaire brillante tant ils sont soucieux de répondre aux attentes des adultes (mais à quel prix pour eux ?). Pourtant le parallèle entre les deux ne relève en rien d'une loi, bien au contraire. L'enfant intellectuellement précoce n'est donc pas à confondre avec celui qui réussit scolairement. C'est la raison pour laquelle les tests de niveau scolaire n'ont aucune valeur dans la détermination de la précocité intellectuelle. Seuls les tests d'intelligence sont en la matière significatifs. C'est précisément le décalage qui existe souvent entre ces deux approches d'examen qui révèle toute la problématique de la scolarisation de ces enfants. L'école ne les reconnaît en fait que s'ils ont su s'adapter et rester performants en terme de réussite dans leurs apprentissages.

L'enfant précoce n'est pas non plus le « crack », toujours dans les livres, qui trime sans arrêt, sans rechigner car il aime travailler, qui a de l'ordre et des méthodes de travail pour ne retenir que les connaissances utiles et exploitables. Il n'est pas celui qui a le profil d'éternel premier de la classe et qui s'investit parce qu'il a vu tout son intérêt dans la chose : hypothéquer quelques années pour mieux s'en sortir plus tard. Il n'est pas celui pour qui le concours général est le défi favori auquel il se consacre en risquant le surmenage.

Vers une définition...

Le qualificatif le plus juste reste sans doute celui d'*enfant intellectuellement précoce*, dans la mesure où la précocité est cantonnée au domaine intellectuel et à son développement. Ce que montrent, dans la majorité des cas, les examens psychométriques et psychologiques. Ils soulignent ainsi des capacités particulièrement développées de compréhension, de raisonnement, de logique, d'abstraction et concernant la saisie des relations. Des capacités d'invention, de création et d'originalité sont souvent associées, ce qui permet également de les appeler des enfants créatifs, pour reprendre l'expression de Jean-Charles Terrassier[1]. Mais, précisons bien que ces capacités créatives ne sont pas systématiquement corrélées au niveau intellectuel hors norme, et qu'il existe de ce fait des enfants intellectuellement précoces non créatifs. Il est important de souligner que cette créativité parfois associée reste de type intellectuel, s'apparentant à la capacité de pensée divergente telle que la définit J.-P. Guilford[2] à partir de quatre domaines :

- la facilité à produire des idées et à apporter des réponses adaptées à une situation-problème ;
- la capacité de produire des idées de catégories variées ou flexibilité intellectuelle ;
- la capacité de fournir des idées originales ;
- la capacité de produire une réflexion approfondie et complexe.

1. J.-C. Terrassier, *Les Enfants surdoués ou la précocité embarrassante*, ESF, 1999.
2. J.-P. Guilford, *The Guifted Child Quarterly*, vol. 19, n° 2.

Cette créativité, qui peut présenter des variantes et des combinatoires associant une approche originale des apprentissages, un mode particulier de raisonnement, ou encore une propension marquée à l'humour, n'est en rien influencée par l'imaginaire. Cette créativité-là se caractérise quant à elle par la capacité à produire des idées en grand nombre, et cela, sur un même thème. Elle est aussi marquée par la capacité de dire émotions, sentiments et sensations avec les outils du langage, qu'il soit verbal ou autre. Elle offre des perspectives originales aux choses. La créativité artistique est une composante de l'intelligence que tous les précoces, cependant, n'ont pas. L'imaginaire prend aussi parfois chez eux un caractère pathologique qui peut s'avérer être un moyen de fuir un réel par trop pesant.

■ CHAPITRE 2

Pour parler d'intelligence

Comment mesure-t-on l'intelligence ?

La précocité cerne le problème complexe de l'intelligence, de sa nature, mais aussi de sa détermination. C'est en effet avant tout la mesure de celle-ci qui définira la précocité et, de ce fait, la question du sens du quotient intellectuel (Q.I.) et de sa validité à l'établir se pose.

Celui-ci est essentiellement déterminé par le test de Wechsler, référence internationale, qui propose deux outils différents : WPPSI pour les enfants de moins de six ans, WISC pour les autres. Pour ces deux outils, des items standardisés sont établis à partir des « réponses » d'enfants d'un âge donné, et cela dans deux domaines bien précis. L'un détermine le Q.I. verbal (réponses à des questions générales), l'autre, le Q.I. performances (réponses à des manipulations de matériels). L'âge mental d'un enfant est obtenu à partir de la comparaison de ses réponses avec les items standardisés.

Ces items portent sur des aptitudes que l'on ne doit pas confondre avec des connaissances. En voici une liste non exhaustive, mise en œuvre lors des différentes épreuves appelées « subtests » :

■ *Subtests verbaux*

✓ *Information* : aptitudes à intégrer les informations culturelles scolaires et extra-scolaires.

✓ *Compréhension* : aptitudes à verbaliser l'intégration des normes sociales.

✓ *Arithmétique* : aptitudes à faire des opérations mentales sur les nombres.

✓ *Vocabulaire* : aptitudes à dire le sens des mots, à acquérir des connaissances linguistiques.

✓ *Similitudes* : aptitudes à conceptualiser, abstraire logiquement.

■ *Subtests performances*

✓ *Assemblage d'objets* : aptitudes à structurer le repérage dans l'espace, la latéralisation, le schéma corporel, l'image du corps.

✓ *Figures géométriques* : aptitudes visiomotrices et structuration de l'espace.

✓ *Carrés* : aptitudes à analyser, à synthétiser, à structurer l'espace géométrique.

✓ *Labyrinthes* : aptitudes à coordonner la perception de l'espace et la graphomotricité.

✓ *Complètement d'images* : aptitudes à être attentif au détail manquant.

Une échelle de valeur de réussite permet de chiffrer ces quotients. Le Q.I. global, censé situer le niveau d'intelligence, est obtenu en effectuant la moyenne de ces deux données. L'appréciation de ce Q.I. résulte d'une courbe de Gauss obtenue à partir des Q.I. globaux d'un échantillon d'enfants. Ainsi est établie la classification générale suivante :

Q.I.	POPULATION CONCERNÉE	APPRÉCIATION
130 et plus	2,2 %	Très supérieur
120-129	6,7 %	Supérieur
110-119	16,1 %	Normal fort
90-109	50 %	Moyen
80-89	16,1 %	Normal faible
70-79	6,7 %	Limité
69 et moins	2,2 %	Retard mental

Le seuil de surdouement est situé autour de 125, il représente une avance intellectuelle supérieure de 25 % à la moyenne obtenue par les enfants d'un même âge. C'est ainsi que l'on va dire d'un enfant qu'il est intellectuellement précoce dès lors que son âge mental est en avance sur son âge réel, avance que l'on situe selon les cas de 2 à 7 ans.

Sur un plan statistique, on note que 2 % d'une classe d'âge atteignent un Q.I. de 132. Si 0,1 % se situe à 145, un sujet sur mille parvient à 160 et plus.

Pourtant, il est important de souligner que l'on ne s'arrêtera pas aux seules données chiffrées, purement mathématiques. La détermination du Q.I. et le passage des subtests font l'objet de la part du psychologue d'un commentaire technique nourri, par ailleurs, d'une observation de l'enfant en cours de tests ainsi que d'entretiens avec lui autour des tâches. Voici celui qui a été établi pour un enfant soumis au WISC III et ayant obtenu les résultats suivants :

Échelle verbale	**Note standard**
Information	16/19
Similitudes	19/19
Arithmétique	14/19
Vocabulaire	15/19
Compréhension	18/19
Échelle de performance	**Note standard**
Complètement d'images	15/19
Code	05/19
Arrangement d'images	19/19
Cubes	19/19
Assemblage d'objets	19/19

Cet ensemble a déterminé un Q.I. verbal de 142 et un Q.I. de performance de 138. À noter que la réussite à tous les items n'est pas totale, ce qui montre bien que l'enfant intellectuellement précoce n'est pas à confondre avec un « petit génie ». Pas plus qu'il ne faut le considérer comme un enfant « en avance ».

Commentaire

> « J. obtient pour l'échelle verbale un quotient intellectuel de 142, ce qui signifie que ses capacités, dans toute la sphère orale, sont parfaites. Ainsi, son registre lexical et son niveau d'expression sont brillants, ses définitions précises, et sa culture générale étayée. L'intelligence verbale en tant que capacité de saisie de relations et de pensée catégorielle est, elle aussi, excellente.
>
> Dans le domaine de la maîtrise numérique et opératoire, la capacité de J. à gérer mentalement les grandes opérations mathématiques est très satisfaisante. L'enfant raisonne avec une grande rapidité et manipule l'addition et la soustraction avec assurance et aisance. La multiplication commence à être intégrée, mais, sur cette opération, certaines erreurs existent encore. J. a aussi intégré les normes sociales. Il se montre ainsi tout à fait à l'aise dans la société, réagissant avec discernement et lucidité devant les événements. En fait, tous les résultats de J. à cette sphère obtiennent de très bons scores et témoignent d'une maturité très supérieure.
>
> En ce qui concerne l'échelle de performance, J. obtient un Q.I. de 138, résultat inférieur au précédent, mais se situant comme lui au niveau de la précocité intellectuelle. J. a ainsi fait preuve de perception fine, de vigilance, en étant capable de repérer facilement des détails manquants au niveau d'objets ou de situations de la vie quotidienne. L'enfant se situe aussi parfaitement dans le temps et dans l'espace. Il dispose d'une grande logique intellectuelle et d'une parfaite capacité de synthèse et d'analyse. Tous les subtests de cette sphère sont réussis avec brio et rapidité, sauf l'épreuve de code où J. s'est vu totalement en difficulté. Ici, il s'agissait d'associer un symbole à un chiffre selon un modèle pré-établi, et cet exercice, qui ne met pas en œuvre des mécanismes intellectuels à proprement parler, semble avoir ennuyé J. Il a, apparemment, besoin de stimulations et de difficultés. De plus, un important blocage face au support papier/crayon a tout de suite réactivé une forme d'angoisse chez l'enfant, qui a alors procédé avec hésitation. Son tracé est particulièrement fragile, incertain, et la qualité de son écriture médiocre. »

Les limites du Q.I.

L'unanimité s'établit désormais pour reconnaître que le Q.I. ne peut être à lui seul un facteur de décision dans le domaine de l'intelligence en général, et de la précocité en particulier : il n'est pas stable et influençable par le contexte éducatif, mais surtout parce qu'il ne reflète pas l'ensemble des capacités intellectuelles, et ne rend pas compte d'habiletés spécifiques. C'est ainsi qu'avec un même Q.I., on peut se trouver face à plusieurs profils d'enfants ayant chacun des compétences dans des domaines différents.

■ *Différentes formes d'intelligence*

Les connaissances actuelles sur l'intelligence permettent de mieux saisir cela. Les travaux de Howard Gardner[1] montrent qu'on ne peut parler d'une seule forme d'intelligence car celle-ci revêt plusieurs natures. Il y a, bien sûr, l'*intelligence logico-mathématique*, qui est une aptitude au raisonnement, et donc à la compréhension des choses au sens étymologique du terme. Elle renvoie à la capacité d'analyser, d'opérer des synthèses, des combinaisons débouchant sur l'émergence d'une signification et son intégration par le sujet. On parle aussi de l'*intelligence langagière*, qui est l'aptitude à concevoir et élaborer des messages tant sur le plan de leur contenu, de leur mise en forme, que de leur actualisation dans un contexte de communication. Elle est également l'aptitude à jouer avec les mots. On relève par ailleurs une *intelligence spatiale*, qui est la capacité de construire une représentation de son environnement et d'agir sur lui. L'*intelligence dite kinesthésique* est « la capacité à résoudre des problèmes ou à produire des biens en utilisant tout ou partie de son corps[2] ». Celle-ci concerne les gestes techniques ou pratiques,

1. H. Gardner, *Les Intelligences multiples*, Retz, 1998.
2. *op. cit.*

l'expression par le corps. L'*intelligence interpersonnelle* est l'aptitude à comprendre les autres, leur mode de fonctionnement, leurs motivations afin de déceler la manière d'agir avec eux, voire d'entrer éventuellement en empathie. Elle est l'opposé de l'*intelligence intrapersonnelle* qui est la faculté de « se former une représentation de soi précise et fidèle, et de l'utiliser efficacement dans la vie[1] ».

Notons encore l'*intelligence naturaliste,* qui est le don d'observation du monde animal et/ou végétal, et l'*intelligence existentielle,* qui est l'art de s'interroger, de poser des questions sur le monde et les grands problèmes existentiels. Reste, enfin, l'*intelligence musicale* qui est la capacité d'ouverture au monde sonore, soit sur le plan de la perception et de la lecture des sons, soit sur celui de leur production dans la création d'harmonies porteuses de l'expression d'émotions ou de suggestion.

■ *Les potentialités d'apprentissage*

Ces différentes formes d'intelligence ne sont pas exclusives l'une de l'autre, elles peuvent cohabiter, se présenter sous forme de trait marqué, dominant de la personne, ou bien sous forme de tendance. Cette conception universaliste de l'esprit débouche sur une perception individualiste de l'être humain. C'est par la combinaison de ces différentes formes de l'intelligence que nous différons les uns des autres, et que se tient l'essence de notre individualité, de notre unicité. Ainsi s'affirme l'idée que tout le monde n'a pas les mêmes capacités, que nous n'apprenons pas tous de la même manière. Dès lors, la notion d'enfant précoce est relativisée et débarrassée de tout ce qu'elle peut contenir de fantasmatique. La notion positive d'enfant aux besoins d'apprentissages différents s'impose dans le même temps. Cela implique le concept d'éducation et, a fortiori, d'enseignement individua-

1. *op. cit.*

lisé visant à repérer et à comprendre les capacités intellectuelles de chaque élève afin de déterminer les profils intellectuels dominants. Le travail pédagogique consiste alors à valoriser les formes d'intelligence prédominantes et à enrichir les autres. Aux pédagogies reposant sur les groupes de niveau, voire de besoin, pourraient aussi se substituer celles qui s'organisent autour des formes d'intelligence. Ainsi l'école, mais également l'ensemble du système éducatif, cesserait de mettre en valeur et d'évaluer les seules intelligences logico-mathématique et langagière à partir desquelles s'opère aussi la sélection scolaire, et dépasserait les trois maux en la matière dénoncés par Howard Gardner : « l'occidentomanie », qui valorise certaines valeurs culturelles occidentales, et, plus particulièrement, la pensée logique et la rationalité, la « testomanie » qui reflète une tendance à toujours vouloir privilégier les seules compétences individuelles pouvant être quantifiées, et « l'élitomanie » qui laisse croire qu'une approche unique des choses, généralement logico-mathématique, peut fournir réponse à tous les problèmes.

Tout cela nous dit combien le Q.I. n'est pas un facteur déterminant et que les chiffres doivent être relativisés. Il n'est que « l'expression de la manière dont un individu exploite ses capacités dans les conditions où il se trouve[1] ». S'il reste un élément d'identification de la précocité, il doit être cependant complété par d'autres examens et entretiens qui révéleront ce qu'il ne prend pas en compte, à savoir la personnalité et les potentialités d'apprentissage.

En effet, le Q.I. ne tend qu'à déterminer les performances. Celles-ci renvoient à ce qu'un sujet est capable de réaliser dans un domaine donné, mais ne se réfèrent absolument pas aux potentiels, autrement dit, ce qu'il pourrait faire si son environnement était aménagé et enrichi sur le plan des stimulations. La *performance* ancre l'individu dans le présent et le considère comme fini ; le *potentiel* le situe dans une

1. A. Coriat, *Les enfants surdoués*, Le Centurion, 1987.

évolution améliorante possible, et le présente comme un sujet en devenir. C'est en cela, pour en revenir aux mots, que se différencient le sujet *doué* — un don étant déterminé et défini, « fini » pourrait-on dire — et le sujet *précoce* qui, lui, peut et doit progresser sous l'influence du milieu.

Quand l'intelligence ne suffit pas

Les enfants intellectuellement précoces ont donc tout pour réussir dans les apprentissages, qu'ils soient généraux ou spécifiquement scolaires. Qu'est-ce qui va cependant amener une grande partie d'entre eux à gagner assez rapidement les rangs d'élèves en difficulté et, surtout, d'enfants en mal de vivre ?

■ *Le concept de « dyssynchronie »*

Tout d'abord le fait que l'intelligence, et ce que nous pourrions appeler les prédispositions intellectuelles, regroupant tant les outils que les attitudes, ne suffisent pas. L'être humain est aussi et surtout un sujet soumis à ses affects, à l'organisation générale de son psychisme. C'est bien là que « le bât blesse ».

Jean-Charles Terrassier a cerné le concept de *dyssynchronie* qui caractérise l'enfant précoce, et qui renvoie à son « développement hétérogène spécifique[1] ». Son évolution intellectuelle a été si rapide que les autres sphères qui composent la réalité humaine sont restées en retrait, évoluant quant à elles au rythme standardisé propre à la majorité des enfants. Il peut y avoir notamment décalage entre :
- le développement intellectuel et le développement psychomoteur ;
- les différentes fonctions cérébrales elles-mêmes ;
- l'intelligence et le domaine affectif. Ce point est souvent le plus criant, et va générer des problématiques personnelles liées à la per-

1. *op. cit.*

ception particulière de données anxiogènes, que les autres enfants ne peuvent encore identifier, et d'autres données de type relationnel et éducatif.

L'enfant des extrêmes

L'enfant intellectuellement précoce est ainsi l'enfant des extrêmes. C'est en cela qu'il est incompris, qu'il est souffrance. Cet écart entre son intelligence et son affectif génère ce que l'on appelle une dysharmonie qui n'est pas chose facile à vivre, qui a des répercussions sur l'élaboration de la personnalité et, dans la mesure où elle influe sur le comportement, marque et l'image qu'ont les autres de soi et, surtout, leurs attentes.

Doit-on parler pour autant de pathologie ? Tel n'est pas le cas car cette dysharmonie n'est pas à classer parmi celles que la psychiatrie répertorie sous l'appellation de « dysharmonies évolutives », dont Bernard Gibello[1] rappelle les caractéristiques :

- l'évolutivité des symptômes aux examens successifs ;
- l'existence de perturbations globales de la personnalité avec des fixations précoces et des relations perturbées avec l'entourage, même, et surtout, dans les cas où les atteintes organiques sont certaines ;
- leur situation en deçà des limites des psychoses franches, des névroses ou des états déficitaires.

On identifie, certes, une forme de précocité beaucoup plus proche du surdouement, et quantifiée au-delà de 170.

À ce moment, des troubles graves sont associés, notamment la schizophrénie et des mécanismes obsessionnels. L'intelligence est ici prédominante, voire obsessionnelle, et les apprentissages deviennent purement formels, la communication établie par le sujet s'apparen-

1. B. Gibello, *L'Enfant à l'intelligence troublée*, Bayard éditions/Centurion, 1994.

tant à un mode psychotique. On remarque, comme l'explique Aaron Coriat, « une hyperrationalité théorique qui occupe le terrain et sert de bouclier contre l'émergence envahissante de pulsions archaïques destructrices[1] ». L'enfant se situe alors dans la théorie pure et n'a aucun sens du réel.

Chez l'enfant précoce, il n'y a rien de tout cela. S'il y a décalage entre intelligence et affectivité, celui-ci n'est pas à comprendre comme une faille psychique, mais bien comme la résultante de l'interaction entre l'intelligence et les émotions. Il doit être compris dans la constitution et l'évolution globales de l'enfant. L'intelligence, qui reste en soi un facteur d'adaptation, va finalement exposer toute la réalité du problème : ne voyant pas cet aspect de soi reconnu par son entourage, l'enfant la met en doute. Elle devient alors un facteur d'inadaptation, exacerbé par une sensibilité aiguisée qui fait percevoir à l'enfant précoce ce que les autres ne parviennent pas à saisir. Le décalage va, en fait, se situer en de multiples domaines, que ce soit celui du développement, de la personnalité, ou encore dans les rapports du sujet avec les normes sociales.

1. *op. cit.*

CHAPITRE 3

D'où vient la précocité ?

C'est peut-être dans cette question que réside toute la problématique. La déficience intellectuelle peut trouver son étiologie dans de multiples domaines, qu'ils relèvent de la neuropsychologie ou encore de facteurs sociaux, mais le « trop d'intelligence » semble totalement indépendant de quelque cause identifiable que ce soit. La question renvoie alors les adultes, et plus particulièrement les parents, à l'irrationnel et parfois au fantasmatique. Freud avançait une théorie, celle de la sublimation, qui ferait de l'intelligence le fruit du déplacement de la tension instinctuelle vers un but donné, ce qui engendrerait notamment un « assouplissement » du passage du réel au fantasmatique. Le sujet ne refoulant pas les fantasmes pourrait donner libre cours aux processus intellectuels.

La question de l'inné et de l'acquis

Cette approche n'apporte pas de réponse satisfaisante sur l'origine même, thème à propos duquel on ne peut éviter ici une réflexion sur la question de l'inné et de l'acquis. Résumons le problème : les thèses innéistes avancent l'idée que l'hérédité déterminerait l'intelligence ; les thèses environnementalistes assignent cette fonction au milieu dans lequel évolue le sujet. Des remarques s'imposent. La théorie innéiste se base sur la constance du Q.I. qui n'est pas une réalité en soi, et auquel on ne peut réduire l'intelligence. Elle pose également le principe de sa transmissibilité. Là aussi, les constats n'appuient pas le postulat. L'idée environnementaliste souligne, quant à elle, l'importance d'une éducation stimulante dès la petite enfance, élaborant notamment des rapports entre l'état physiologique et les performances intellectuelles, insistant également sur la part de l'affectivité dans les apprentissages.

■ *La place des parents*

Certes, des facteurs déterminés favorisent l'évolution intellectuelle, comme la santé ou des conditions d'hygiène de vie minimales, mais en tout état de cause la place socioculturelle des parents ne joue pas de rôle prépondérant. Il s'agit d'avantage de la qualité de leur implication dans l'éducation, avec la présence de valeurs fondamentales comme le sérieux, le respect et la valorisation du travail, l'honnêteté… Plus que la mise à disposition d'opportunités et de « matériel » culturel et éducatif, l'accompagnement parental en ces domaines est primordial, à savoir leur intérêt et leur complicité. De la même manière, sur le plan scolaire, l'importance reconnue du savoir et la valorisation de la notion de construction de son destin comptent principalement. La confiance que les parents portent dans les capacités de l'enfant, le souci de le motiver, ont également beaucoup d'impact. Le désir de communiquer avec lui et de construire des relations vraies, dont dépendent l'élaboration de l'image de soi et le besoin de devenir, donc d'apprendre, sont essentiels. On soulignera aussi le facteur déterminant que constitue, au moment où se mettent en place les premières relations à l'objet et au monde environnant, la présence sécurisante des parents, alors que s'organise la vie fantasmatique et la vie instinctuelle. Ce qui suppose la préservation des rôles dans l'équilibre du système familial, l'acceptation du statut de faiblesse de l'enfant, et la mise en place de réponses à ses besoins.

Il ne s'agit pas de partir ici dans un débat d'idées, mais simplement de tirer des conclusions d'une interrogation qui n'est pas sans conséquences sur l'éducation de l'enfant précoce. En effet, si l'inné prédomine, à quoi bon s'évertuer à aider ceux que la nature a défavorisés ou favorisés ? Il est même jusqu'à la définition du quotient intellectuel qui ne résiste pas à cette perspective. En effet, sa fonction serait alors de mesurer des aptitudes héréditaires, et non pas d'adaptation au milieu. On réalise les enjeux quand on sait que, pour beaucoup, le Q.I. est encore par trop déterminant pour les orientations en milieux éducatifs spécialisés.

■ *Complémentarité de l'inné et de l'acquis*

L'idée force en la matière demeure qu'en fait rien n'est inné et rien n'est acquis, et que ces deux domaines s'interpénètrent en fait, se stimulant réciproquement. L'inné est façonné par l'acquis, qui est lui-même facilité par le premier. Ce dont hérite un enfant en réalité, c'est de structures nerveuses qui vont être soumises à des stimulations de l'environnement au travers d'un processus d'action et de réaction. Des connexions neuronales vont ainsi être élaborées, assurant une meilleure perception et une meilleure intégration des messages, d'où une compréhension plus rapide, des apprentissages facilités et une plus grande aisance intellectuelle. C'est notamment la position de Boris Cyrulnik[1]. Celui-ci montre combien cette idée de complémentarité est difficilement acceptée, le débat prenant sa source dans les fondements même de notre culture occidentale où « les partisans de l'âme s'opposent inlassablement aux partisans du corps ». Cela a notamment participé à l'instauration de ces « oppositions binaires », marquant nos modes de pensée. Ces conceptions ne tiennent pas compte de la plasticité du cerveau humain, qui implique que « si rien ne s'efface, rien n'est jamais définitif dans le développement d'une personne humaine ».

Albert Jacquard[2] rejoint cette position en affirmant que le cerveau est capable de se fabriquer lui-même à partir de l'inné : il s'autoréali-

1. B. Cyrulnik, *La Naissance du sens*, Hachette,1998.
2. A. Jacquard, entretien accordé à la revue *Psychologies* n°78.

serait en fait. Si des atteintes cérébrales, génétiques ou autres, peuvent altérer l'intelligence, on ne peut, selon lui établir de relation entre tel gène ou substrat cérébral, et telle caractéristique intellectuelle. En revanche, on constate que l'on développe l'intelligence en se posant des questions. Éduquer un enfant, c'est alors l'amener hors de lui-même. C'est là une réalité d'importance pour le travail éducatif qui doit viser aux interactions les plus nombreuses et les plus stimulantes entre l'apprenant et son environnement, afin qu'il progresse à son rythme et selon ses capacités.

Aaron Coriat[1] résume la problématique en affirmant qu'« il convient par conséquent de comprendre aussi bien la précocité que la "nullité" comme la résultante de composantes dépendant tout autant de données biologiques que de facteurs circonstanciels et éducatifs » ; et qu'« il ne peut y avoir d'appréciation valable des forces et des faiblesses d'un enfant sans une approche holistique incluant des variables aussi diverses que les capacités physiologiques, le complexe environnemental, le climat affectif, les expériences spécifiques d'apprentissage ainsi que la motivation, les intérêts, l'attention et le goût de l'étude qui entrent dans ce que certains auteurs appellent "l'intelligence affective". C'est elle qui fait souvent la différence entre l'écolier fort et l'écolier faible ».

■ *Les émotions, des facteurs d'adaptation ?*

À ce stade, s'ouvre une autre piste développée Daniel Goleman[2]. Elle ne constitue pas pour autant une étiologie de l'intelligence, mais explique que celle-ci est également tributaire dans son développement de la vie affective du sujet et, plus particulièrement, des émotions. Preuve en est que des personnes à fort quotient intellectuel peuvent être totalement incapables de réussir leur vie personnelle

1. *op.cit.*
2. D. Goleman, *L'Intelligence émotionnelle*, Robert Laffont, t.1, 1999.

et, qu'inversement, d'autres vont gérer efficacement les fondements psychoaffectifs de l'existence sans pour autant être doués sur le plan de l'intelligence. La situation de bien des enfants précoces et des adultes qu'ils deviendront en est une illustration. En effet, les émotions, grâce à l'impact qu'elles ont sur notre appareil psychique, mais aussi sur notre physique, nous aident à nous adapter. Elles mobilisent le cerveau, déclenchent des mécanismes intellectuels de lecture de l'environnement et d'adaptation en fonction des messages enregistrés. Les émotions stimulent l'intelligence. Cela conduit Albert Jacquard[1] à dire que celle-ci s'élabore aussi à partir de chocs affectifs, voire de traumatismes, qui la conduiront à se modifier. En général, selon le scientifique, l'uniformité et la trop grande réussite de vie nuisent même au développement de l'intelligence, alors que l'indétermination, l'imprévisibilité des choses la nourriraient. Cela ne veut pas dire que la précocité serait le fruit d'une vie émotive exacerbée dans les premières années de l'existence. On peut cependant penser que l'intelligence et l'émotivité interagissent sans qu'il puisse être établi une quelconque domination d'une sphère sur l'autre, cette interaction pouvant générer chez certains enfants une surstimulation réciproque, exacerbant les deux domaines et conduisant à la dyssynchronie évoquée plus haut.

Influence du milieu

Dans la mesure où l'intelligence nécessite un équilibre psychique pour se développer, et où l'organique dépend, pour une grande part, de l'affectif, il reste alors à considérer la possibilité d'une influence déterminante du milieu dans l'origine de la précocité. Là aussi les choses ne sont pas tranchées, et l'on ne peut établir des liens de causalité entre telle ou telle approche relationnelle et éducative avec l'émergence de

1. *op. cit.*

la précocité. Le milieu peut, certes, entraver l'intelligence, mais rien ne prouve qu'il peut la créer. Tout juste est-on sûr qu'il y contribue. Ce qui conduit Aaron Coriat à dire : « Nous pouvons affirmer que l'influence du milieu a été favorable au développement intellectuel des surdoués et défavorable à celui des enfants faibles[1]. »

Une soif de connaissances

Reste à comprendre pourquoi l'enfant précoce semble avoir un besoin compulsif d'apprendre, ce qui ne manque pas de stimuler son intelligence encore davantage. Le désir d'apprendre coïnciderait avec le désir de grandir. Ce serait pour l'enfant précoce le moyen de fuir une enfance qui l'angoisse, qui lui révèle un état de faiblesse. Dans le même temps, le savoir serait l'apport d'explications rassurantes garantissant une maîtrise apaisante du monde. L'enfant rechercherait ainsi la clé de ce dernier. D'où cette boulimie de connaissances, marquée par ailleurs par l'angoissante prise de conscience qu'il ne pourra jamais tout savoir ; d'où sa focalisation sur un domaine qu'il s'attache parfois à cerner en totalité. Cette angoisse serait-elle de l'ordre de l'essence humaine liée au trauma de la naissance, ou bien à d'autres situations traumatiques de la première enfance ? A-t-elle été acquise ou exacerbée par un milieu anxiogène ? Rien ne justifie une thèse en ce domaine. Et s'il est relevé que les parents, et notamment les mères d'enfants précoces, vivent des états d'angoisse latente, c'est bien souvent le vécu de leur situation parentale marquée par la souffrance de leur enfant et l'incompréhension du milieu, qui est génératrice en ce domaine et exacerbe des problématiques personnelles « ordinaires ».

Quelques constats d'importance

La neurobiologie apporte quelques constats intéressants, notamment en matière de plasticité cérébrale. Un rapport a été établi entre le

1. *op. cit.*

sommeil paradoxal et la capacité du sujet à recueillir et stocker des informations. Or, l'étude du sommeil des enfants précoces montre que sa durée est plus élevée que chez un enfant « ordinaire » du fait d'un plus grand nombre de cycles, d'une durée de cycle plus courte, et d'une entrée plus rapide dans la phase paradoxale.

Une autre observation, relative à la coordination oculomotrice, révèle des capacités plus grandes chez l'enfant précoce à organiser les informations liées aux stimulations du milieu. Enfin, sa mémoire à court terme, qui est mobilisée dans les apprentissages et la résolution des problématiques instantanées, pourrait stocker davantage d'informations avec également une durée de rétention plus longue.

Ces constats sont importants : ils déculpabilisent les parents qui se croient souvent à l'origine de la précocité, sans pour autant savoir en quoi. Ils se tournent ainsi vers une approche quasi « magique » qui les dépasse et les cantonnent dans une forme de passivité angoissée. Cette analyse, doit, à l'opposé, responsabiliser les adultes, les convaincre qu'ils ont un rôle éducatif à jouer auprès de l'enfant qui n'est en rien « extraordinaire », mais qui présente des besoins particuliers. Cet engagement est crucial pour le précoce qui a besoin d'un suivi effectif et non d'être laissé seul avec lui-même, avec son intelligence alors considérée, de manière démesurée, comme un atout figé. Le débat sur l'origine de la précocité n'est certes pas clos. Encore faut-il se demander s'il a une importance en dehors des analyses qu'il suscite. Il nous paraît plus important de se pencher davantage sur le vécu de l'enfant précoce que sur le « cas » qu'il pourrait représenter. Ainsi, en privilégiant l'être par rapport à la question, pourra-t-on l'aider à dépasser ses interrogations, sa souffrance éventuelle, ainsi que celles de son entourage.

CHAPITRE 4

Des conséquences problématiques

La dyssynchronie engendre des conséquences précises. En effet, elle va susciter, par exemple, un décalage important entre les *compétences* en matière de *langage,* liées notamment au vocabulaire et à la construction de phrases, et les *compétences d'écriture,* non pas dans la production d'écrit, mais simplement dans la réalisation graphique elle-même. Là, l'enfant se montre gauche, il produit des écrits illisibles et difficilement calibrés. L'immaturité neuromotrice est, en effet, un handicap dans l'apprentissage de l'écriture et des concepts mathématiques. Elle génère également une difficulté à se concentrer, qui se traduit par le besoin de bouger et de se dissiper.

Le rapport à l'autre

C'est surtout dans le domaine des *relations sociales* que des problèmes sont souvent susceptibles d'apparaître. Les observations sont cependant complexes, car l'intelligence peut être utilisée précisément pour masquer des problématiques relationnelles qui ne se révéleront que fort tard. À cet égard, le sujet use de stratégies pour éviter les contacts sociaux négatifs, pour s'adapter et pactiser. Celles-ci sont souvent mises en œuvre au travers d'un renoncement à soi, par le biais de refoulements ou de conduites d'évitement qui lui coûteront beaucoup d'énergie psychique, dépensée à canaliser l'angoisse. Il est facile de comprendre que l'avance intellectuelle, dès lors qu'elle est trop grande, peut être un handicap dans la relation aux autres. On constate — sans bien sûr que cela puisse faire figure de règle générale — que les problèmes apparaissent au-delà d'un Q.I. de 140-150, mais il faut bien sûr également tenir compte du seuil de tolérance du milieu, qui peut varier selon sa composition socioculturelle. En deçà, l'intégration ne pose généralement pas de problèmes, l'enfant précoce faisant même parfois figure de leader.

■ *Avec les enfants du même âge*

La *relation aux pairs* sera d'abord affectée. Le décalage entre l'âge réel et l'âge mental explique que les préoccupations de l'enfant précoce ne trouvent pas d'écho parmi les enfants de son âge. Il n'a, intellectuellement parlant, rien à partager avec eux. Bien plus : si dans un premier temps il peut attirer les autres, les charmer même, ses centres d'intérêts, ses exigences de savoir, ses rapports à l'adulte le placent rapidement aux yeux des camarades hors du champ de l'enfance. Il se trouve éloigné de leur parité, dans une marginalité qui ne tarde pas à se matérialiser par une forme de rejet quand cela ne se traduit pas, telle est la loi du plus grand nombre, par l'octroi du statut de souffre-douleur, voire de bouc-émissaire. C'est d'autant plus vrai, il faut le reconnaître, que le rapport au savoir de l'enfant précoce suscite certes des incompréhensions de la part des autres enfants, mais également de l'inquiétude quant à leur propre situation face à la connaissance, et bien sûr une jalousie qui reste ici un mécanisme de réparation narcissique. Il faut alors prendre en compte l'immaturité évoquée plus haut. Celle-ci conduit l'enfant précoce à avoir des exigences et des comportements avancés par rapport à ceux de ses pairs. Ces derniers lui octroient alors un statut « d'anormalité », avec ce que cela suppose de railleries et d'humiliations. Ce sont d'ailleurs les mêmes que l'enfant va subir auprès de ses aînés. Si les centres d'intérêts et le fonctionnement intellectuel peuvent les réunir, l'écart, encore plus profond dans les fonctionnements psychiques et affectifs, conduit là aussi à un rejet au rang d'inférieur.

L'enfant précoce ne trouve même pas de compensation sur ce point dans le *cadre familial* : quand fratrie il y a, des problèmes se posent.

S'il est l'aîné, les caractéristiques de la précocité contribuent à élargir encore davantage le fossé qui se creuse souvent entre ce rang et les autres. S'il est le plus jeune, il ne saisit pas l'ascendant que veulent prendre sur lui les aînés, ou bien que leurs parents avalisent alors que, lui, se sent, et il le prouve, plus performant qu'eux dans bien des domaines. Sa présence perturbe alors l'ordre dans la fratrie. Quand les adultes, ou les autres enfants, veulent rétablir celui-ci, cela est ressenti comme une profonde injustice, ce à quoi l'enfant précoce est très sensible.

Bref, on réalise combien, au milieu des autres enfants, le précoce ne trouve pas sa place. Il se sent rejeté, malgré ses efforts pour être accepté, dans le monde des adultes, celui des bébés, ou dans un *no man's land*. Ces espaces le conduisent à s'interroger non seulement sur la place qu'il occupe dans son environnement, dans les rangs de l'enfance, mais également sur son identité sociale et, ce qui est plus difficile encore, sur son humanité. La souffrance inhérente à ce questionnement va générer soit une attitude de protection et de renforcement du Moi, fondée sur le mépris et l'intransigeance vis-à-vis des autres dans le partage de leurs préoccupations, soit une tendance au repli sur soi, assortie de conduites de régression et d'agressivité qui, on le saisit bien, ne vont qu'amplifier l'isolement et le rejet. On constate, et c'est un enseignement important, tant pour favoriser la vie sociale que pour la scolarité, que l'enfant précoce, en réalité toujours à la recherche d'un alter ego, ne peut tisser de liens d'amitié qu'à partir d'une plus grande corrélation des niveaux intellectuels. Une fois établie, celle-ci permettra des interactions qui sortiront l'enfant des mécanismes d'ennui et de frustration : des améliorations cliniques des troubles pourront alors apparaître.

■ *L'enfant précoce peut-il alors se reconnaître dans les adultes ?*

La réalité est bien loin de cela. Tout d'abord, répétons-le, parce que l'enfant intellectuellement précoce est avant tout un enfant. Et puis, il subit de la part du monde adulte une autre forme de rejet qui est l'incompréhension et la tentative de modélisation par le biais des structures et des relations éducatives.

Quand famille et enseignants sont perturbés

Il s'instaure rapidement dans le *cercle familial* une incompréhension de cet enfant qui offre simultanément des raisonnements proches de ceux de l'adulte, et des comportements fortement empreints d'émotivité et bien caractéristiques de l'enfance. Pour prendre un exemple concret, un enfant de dix ans pourra réaliser des opérations mathématiques complexes et manifester, avec pleurs et autres comportements, son impossibilité à se séparer de sa mère. Autre contradiction : cet enfant qui va user de ses compétences langagières pour tester les limites imposées par l'adulte, et mesurer ainsi l'aune de son pouvoir, est celui-là même qui s'attache profondément à entrer en harmonie avec lui. Aussi les parents ne savent-ils plus comment le prendre.

■ *La dynamique du projet parental remise en cause*

Progressivement, en effet, s'installent en eux des exigences fortement conditionnées sur le plan intellectuel par un rapport proche d'égal à égal. Celui-ci ne relève pas forcément du fantasme élitiste qui leur est tant reproché, mais tout simplement des questionnements de l'enfant, du partage langagier qu'ils ont avec lui. Ils sont alors, inconsciemment, porteurs d'attentes qui montrent, qu'en fait, ils ont déjà projeté leur enfant dans son futur d'adolescent, voire de l'adulte qu'il sera, et qu'ils établissent les bases relationnelles sur cette représentation. Ce faisant, ils scotomisent totalement l'enfant et ses besoins fondamentaux, qui ne pourront se manifester qu'en exacerbant le conflit éducatif. Cela se produit notamment au travers de phases régressives, où l'enfant se sent obligé de recourir à un statut de bébé pour, en fait, affirmer son enfance.

À l'inverse, si les adultes entendent privilégier avant tout les besoins de l'enfant, ils négligent ses attentes intellectuelles spécifiques ; ou encore quand ils ne peuvent répondre à son questionnement ou lui offrir un contact avec les savoirs, ils ne correspondent plus alors à la représentation de l'adulte pourvoyeur de connaissances et de valeurs qui est nécessaire à la construction de soi. L'enfant peut, dans ce cas, chercher ailleurs que dans sa famille des modèles d'identification perturbant de cette manière les fonctions parentales. Et, dans la mesure où il rapportera des connaissances et vivra des expériences, donc des références et des repères qui sont extérieurs à l'histoire et à la culture familiale, il se retrouvera ici encore quelque peu marginalisé ou rencontrera une intégration difficile.

Pour les parents, la découverte d'une nouvelle identité de leur enfant sera la plus difficile à vivre. Ils le sentent étranger à eux et ils se vivent étrangers à lui. C'est toute la dynamique du projet parental qui est remise en cause. Or, on sait combien, au travers de l'enfant, les adultes envisagent de retrouver beaucoup d'eux-mêmes. En même temps, cet enfant échappe à l'image de l'enfant qu'ils avaient dessinée, aux principes et modes éducatifs qu'ils avaient élaborés. Ils se sentent démunis, ne savent à qui se référer et vivent douloureusement un sentiment d'ambivalence vis-à-vis de cette « chair de leur chair », qui s'affiche parallèlement comme une source de différence et de problèmes. Ce qui ne va pas sans angoisse ni culpabilité. Et cela va plus loin : la situation de l'enfant ne va pas tarder à influer douloureusement sur le psychisme même des parents, en atteignant à plus ou moins longue échéance le couple. En effet, la blessure narcissique de l'enfant et ses difficultés engendreront une souffrance chez les adultes qui se sentent également touchés dans leur image aussi bien parentale que personnelle. L'enfant précoce fait inconsciemment peur, et ce, non seulement du fait des différences qui s'imposent par rapport aux autres enfants, mais aussi parce qu'il empêche tous les mécanismes de projection et de transfert qui régissent souvent le lien parents-enfant. Par ses compétences, situées hors de l'enfance, il apparaît aussi comme un perturbateur de l'ordre des générations se déterminant souvent par les degrés différents d'accès au savoir.

■ *L'enfant précoce face à l'enseignant*

Les enseignants se sentent eux aussi quelque peu désemparés devant un élève qui allie une intelligence vive, affirmée, à une curiosité insatiable. Cet élève pose des exigences de savoir, rivalisant avec eux sur certains points, quand il ne conteste pas, à juste titre parfois, le contenu de leur enseignement par des comportements fondés sur l'émotion et à caractère essentiellement infantile. Ils ont ainsi le sentiment que leur statut d'enseignant, c'est-à-dire de détenteur du savoir, est mis en cause par un élève, un enfant, qui plus est, un « petit » enfant.

Ils se montrent également frustrés de ne pouvoir répondre aux attentes de cet élève particulier. C'est une des raisons pour laquelle ils nient l'avance intellectuelle et privilégient l'évidence de l'immaturité affective. Ils s'appuient notamment sur le paradoxe qui voit cet élève résoudre des tâches complexes et échouer devant d'autres plus simples. Ils ignorent que c'est l'ennui, la sous-stimulation qui le rendent ainsi distrait face à ce qui ne nécessite pas une mobilisation effective et intense de son intelligence.

Cette relation est aussi marquée par une méfiance concernant la sincérité des rapports. La pertinence des questions posées peut en effet passer pour de l'impertinence ou pour l'intention de mettre l'enseignant en difficulté face au reste de la classe, lui qui possède ce statut d'omniscience, qui pour beaucoup d'enseignants encore permet de fonder l'autorité. Le fait que les enfants précoces apprennent sans effort, et bien plus vite que leurs pairs, peut également susciter de la part de ces derniers une réelle jalousie. Au niveau des adultes apparaît dans ce cas une forme d'intolérance, qui gommera toute indulgence dont doit pouvoir bénéficier un enfant dans ses apprentissages, qu'ils soient liés à un savoir ou à un comportement.

Aussi, le constat de Bernard Gibello, lorsqu'il parle d'« un entourage plein d'envie destructrice à l'égard de leur intelligence[1]», vérifie-t-il bien ces propos.

---

1. *op.cit.*

L'école, source de souffrance

L'école devient rapidement une source de souffrance pour l'enfant, dans la mesure où elle va accentuer sa différence et provoquer sa marginalisation. Les difficultés sont ici exacerbées du fait des relations aux autres, parce qu'elles reposent en grande partie sur le rapport au savoir qui, précisément, démarque l'enfant précoce.

■ *L'ennui*

Mais ces difficultés proviennent également de l'uniformité pédagogique qui génère *l'ennui.* Celui-ci suscite d'abord le désintérêt, ce qui est bien sûr mal perçu par l'enseignant qui interprète cela comme une remise en cause de la pertinence du support ou de la situation pédagogiques qu'il propose. Il se sent atteint dans sa compétence ; la loi du plus grand nombre et la conformité des autres élèves le conduisent à marquer négativement ce désintérêt, dont il tire l'origine dans la mauvaise volonté et la paresse, quand l'élève ne se verra pas taxé d'une quelconque pathologie caractérielle vis-à-vis de l'autorité.

L'ennui pousse cependant le jeune enfant sain à chercher à se divertir, car chez lui la passivité est source d'insécurité : elle actualise, voire amplifie, son angoisse naturelle. Il va ainsi adopter des conduites que les règles de la vie et de l'apprentissage collectifs qualifient de déviantes. Il contestera le vécu de la classe, s'investira dans une autre activité, ou bien établira des relations parasites dans le groupe. Mais, quand la rigidité d'une autorité, ou tout simplement les exigences de l'enseignement collectif l'empêchent de les adopter, il va transformer cette angoisse latente en agressivité et devenir perturbateur.

À cet égard, il adopte un comportement qui, lui aussi, sera jugé négativement et ne sera pas saisi pour ce qu'il est avant tout : la manifestation d'un besoin auquel aucune réponse n'est apportée. Il s'agit ici essentiellement du besoin d'apprendre, en même temps que s'affirment une quête identitaire et l'expression d'un particularisme nécessitant d'être reconnu. Et très souvent s'ouvre alors un cercle vicieux de rejet-provocation, conflit éducatif dont l'enfant n'a pas besoin. L'ennui entraîne également une réelle inhibition scolaire qui ne manque pas de déboucher, parfois, sur une phobie.

■ *Le redoublement scolaire*

C'est ici qu'il faut aborder la question du redoublement, fréquemment proposé aux familles quand leur enfant se retrouve en difficulté. Si la réflexion pédagogique de l'institution scolaire a bien saisi l'inanité et le peu d'efficacité de cette pratique — disparue de l'école primaire au profit d'une gestion de cycle des apprentissages —, on ne saurait suffisamment insister sur le fait qu'elle est catastrophique pour l'enfant précoce. Cela devrait attirer l'attention des responsables éducatifs du second degré où, théoriquement, le redoublement peut encore intervenir. Le problème est précisément lié à l'ennui, ici décuplé et quasi généralisé.

■ *Analyse de la situation*

L'élève n'a pas progressé, voire a régressé dans ses compétences, précisément parce qu'il manquait de stimulations, d'un apport de connaissances nouvelles sur lesquelles fonder des acquisitions méthodologiques ou autres. On va le placer dans une situation de reconduction de cet environnement qui, déjà, ne lui avait pas été profitable. Cela l'amène souvent à ne plus faire le moindre apprentissage une année durant. Il perd toute motivation à apprendre, en même temps qu'il oublie toute notion d'effort. Il se désintéresse de la chose scolaire, perd même tout désir d'apprendre, et entre dans une phase dépressive. Celle-ci restera cependant longtemps masquée par l'émergence de pointes d'intérêt ponctuelles, pas nécessairement scolaires, pour un champ disciplinaire particulier, comme si l'enfant voulait saisir une bouée de sauvetage avant de sombrer définitivement. Il risque d'oublier tous les automatismes d'apprentissage, des brèches s'ouvrent sur des lacunes de plus en plus grandes où l'on constate qu'il a perdu les acquisitions les plus élémentaires. Des outils intellectuels comme la mémoire vont même s'atrophier, en même temps que l'enfant vit un sentiment d'injustice intense qui affecte son narcissisme. Il ne comprend pas pourquoi cette mesure de redoublement s'applique à lui alors que, par ailleurs, on lui reconnaît des aptitudes valorisantes. Il épouse, peu à peu, le profil de l'élève en grande difficulté, voire en échec, apportant de l'eau au moulin des enseignants au sujet de la relativité de la précocité, et surtout de la justification du redoublement. On mesure ici combien celui-ci ne peut absolument pas répondre aux attentes des enseignants, voire des parents. Il a même des effets contraires : il n'aide ni à consolider des bases défaillantes, ni à permettre à l'enfant de gagner en maturité, puisque son immaturité n'est absolument pas intellectuelle mais purement affective.

- *Des conséquences sur le plan cognitif et affectif*

Le redoublement affectera profondément le psychisme de l'enfant ou de l'adolescent, et entravera ainsi son développement, cela quelles qu'en soient les formes et les conditions, même si l'on a pu obtenir l'adhésion de l'élève. La pression qu'exerce le milieu rejoint en effet dans ce cas une attente interne qui est de retrouver une place de premier rang à l'école, de briller à nouveau. L'enfant fonctionne alors lui aussi selon l'idée que le redoublement le conduira à revoir le programme dont il a pu mesurer la facilité. Il aborde la chose avec aisance. Mais, très rapidement, les effets négatifs liés à l'absence de stimulation cognitive apparaissent et l'entraînent dans la spirale de la difficulté, puis de l'échec.

Cela dit, dans le domaine scolaire en général, le vécu difficile de l'enfant précoce va également s'accentuer, tant sur le plan de la forme que du contenu, par la mise en place d'une pédagogie qui tiendra essentiellement compte de l'âge réel. On mesure alors les écarts qui peuvent se présenter dès lors que, déjà, l'approche didactique et pédagogique a tendance à se définir par rapport à un enfant type, esquissé en fonction de cet âge, ne prenant pas en compte les individualités.

Cette approche place l'enfant intellectuellement précoce en dehors du *conflit cognitif*, nécessaire à tout enfant pour grandir. On ne mesure peut-être pas assez l'importance de la connaissance, tant dans la structuration de la personnalité que dans la maturation psychique de l'être humain, et plus particulièrement de l'enfant. L'apprentissage est la conjonction de deux données, dont l'une, extérieure à soi, est *la sollicitation de l'environnement*. Apprendre, c'est découvrir les lois du monde, gommer ainsi son aspect anxiogène car la connaissance permet une forme de maîtrise des choses. C'est avant tout se sécuriser. L'apprentissage est aussi *une réponse à la pulsion de vie* : c'est vouloir grandir, désirer changer, réaliser ses potentialités et augmenter ses possibilités d'action. C'est devenir un sujet désirant, et surtout faire l'expérience du plaisir inhérent à l'aboutissement de l'apprentissage. Or, le plaisir est le moteur de la vie. Ne plus apprendre, c'est entrer dans la passivité, dans une forme de non-moi.

En l'absence de confrontation régulière au savoir, les enfants précoces perdent rapidement le plaisir de faire travailler leur intelligence et ils peuvent ainsi entrer dans un réel refus d'apprendre. Pourquoi ? Là encore tout simplement parce qu'apprendre ne signifie plus pour eux grandir et devenir, mais être différent des autres. L'activité d'apprentissage, les savoirs demandés exacerbent la différence et la marginalité, et réactivent dans le même temps la quête douloureuse de l'identité, l'interrogation sur les causes de la différence.

■ *Des démarches d'apprentissage indispensables*

Mais il est une autre conséquence de la précocité, trop souvent oubliée par les pédagogues, et qui de ce fait accentue la difficulté scolaire. *L'enfant a besoin de cadres et de repères dans ses apprentissages*, car l'intelligence à elle seule ne suffit pas pour l'acquisition de la connaissance surtout quand, parce qu'elle atteint l'abstraction, elle nécessite l'effort, la rigueur et la méthode. L'intégration des apprentissages premiers, qu'ils soient scolaires ou autres, s'effectue souvent avec facilité chez l'enfant précoce, car sa maturité de raisonnement et sa mémoire suffisent. Aussi, parents et pédagogues oublient d'insister sur les démarches d'apprentissage, ne vérifient pas leur acquisition, se fondant essentiellement sur la restitution de la connaissance, son utilisation immédiate. Ils négligent l'importance de l'organisation de la pensée pour la construction et l'intégration des savoirs. Tout cela contribue à ce que la scolarité de l'enfant précoce ne pose généralement pas de problème durant l'école primaire et le premier cycle du collège. Mais, dès que les difficultés apparaissent dans la scolarité (généralement en 5e ou 4e du collège), celui qui n'a pas appris à apprendre, et qui n'a jamais eu besoin de se dépasser pour contourner des obstacles dans l'acquisition des connaissances, ne peut faire face. Subitement, il se rend compte qu'il ne sait pas, qu'il ne sait comment faire. Sa toute-puissance s'effrite, il ressent cela comme une blessure narcissique. Sa souffrance, accentuée par l'impossibilité d'apprendre, va se matérialiser par une crise d'opposition et, parfois, par de réelles conduites d'échec. Une phobie scolaire se met en place. Elle est alimentée par le fait que la scolarisation fait craindre la perte de l'objet libidinal qu'est la mère sécurisante. Ce phénomène peut se voir accentué quand l'enseignant symbolise la menace de « figures surmoïques », synonymes d'insécurité, du fait d'un comportement où l'indulgence est absente. Dans cette situation, l'enfant use pour sa défense de beaucoup d'énergie psychique, ne laissant rien ou peu pour l'effort, la concentration, l'attention, ou pour compenser la fatigue due aux apprentissages.

Paradoxalement, la conséquence de tout cela n'est pas anodine car l'intelligence n'est pas un acquis définitif. Elle peut évoluer tant vers une amélioration que vers une détérioration. Celle de l'enfant précoce en est un exemple type.

L'enfant oublié

Devant la précocité et dans quelque contexte que ce soit, les adultes ont tendance à oublier ce qui peut apparaître comme une lapalissade, mais est fondamental : *les enfants intellectuellement précoces sont avant tout des enfants*. C'est là un point important qui doit conduire à ne pas voir en eux des adultes en miniature, compte tenu notamment de leurs centres d'intérêts particuliers, de leur maturité apparente liée à des préoccupations, intellectuelles ou autres, qui relèveraient davantage du psychisme d'une grande personne. C'est dans ce leurre que réside pour beaucoup l'aspect difficile, voire dramatique, de la précocité. L'enfant précoce est placé dans une anormalité qui peut soit inquiéter, soit provoquer une relation admirative de la part de l'adulte, les deux conduites débouchant souvent sur des attitudes surprotectrices, voire inhibitrices, néfastes pour le développement psychoaffectif du sujet. Il est « retiré » de l'enfance, assimilé par le monde des adultes qui transfère sur lui ses modes de fonctionnement et ses exigences, projetant de surcroît désirs et centres d'intérêt. Dès lors s'instaure une relation de « pair » qui brouille les statuts, qu'ils soient générationnels ou fonctionnels, plaçant l'enfant dans un sentiment de « non-être », ou tout au moins de non-reconnaissance, qui ne prend pas en compte la réalité propre de son psychisme.

■ *À la recherche de son enfance…*

L'enfant intellectuellement précoce reste un être qui a besoin de jeu, de rêve, à qui il faut procurer sécurité, amour et références, et offrir une présence adulte attentive. Celle-ci doit être sans doute plus forte encore compte tenu des particularités psychologiques et comportementales qui en découlent. La dysharmonie fonctionnelle que nous avons relevée a pour autre conséquence que l'enfant précoce est marqué par une sensibilité exacerbée. Celle-ci implique qu'un rien l'affecte, qu'il perçoit du sens partout, rendant en cela difficile ses relations au monde qu'il saisit souvent de manière extrême. C'est là un paradoxe sur le mode affectif, et non prioritairement intellectuel, comme on serait tenté de le croire. Cette sensibilité s'alimente également de multiples frustrations engendrées par la rencontre avec un milieu qui ne répond pas aux besoins spécifiques de la précocité, et par la confrontation à des questions existentielles fondamentales (la maladie, la sexualité, la mort, le sens de l'existence humaine...). Celles-ci sont fournies par la curiosité intellectuelle, mais le psychisme de l'enfant ne peut les intégrer, n'étant pas lui-même suffisamment structuré pour être en mesure de le faire. Il est notamment extrêmement sensible à l'injustice, et celle qui le marque sans doute le plus est le sentiment de ne pas être comme les enfants de son âge.

Il souffre plus particulièrement de ne pas trouver en cet autre, semblable en apparence, cette image de lui-même qui le conforterait dans son statut d'enfant, et son appartenance au monde de l'enfance. Il en est d'autant plus affecté qu'il constate rapidement que, du fait d'une certaine gaucherie ou maladresse physique, conséquence d'une maturation physiologique en décalage, il ne peut bien souvent rivaliser avec ses camarades notamment dans les activités d'adresse. Il est, parmi eux, un semblable qui leur est différent, et il va s'attacher à renoncer au plus vite à son identité pour se conformer au modèle social. Il ne l'effectue pas toujours pour se soumettre aux exigences éducatives, mais pour s'assimiler aux pairs, ressembler aux autres, bref, avoir le sentiment d'être et d'exister. On se trouve alors devant une forme de refus de soi qui n'est pas sans conséquences. Un conflit s'instaure dès lors au niveau de son psychisme entre ses aspirations profondes et ses besoins fondamentaux, notamment sur le plan intellectuel. L'enfant connaît des mécanismes de frustration, de manques, qui sont d'autant plus difficiles à vivre qu'il ne peut les verbaliser, ce qui serait reconnaissance de cette différence qui ne veut être admise.

■ *Une identité à construire*

Cette recherche désespérée de ressembler aux autres affecte aussi sans nul doute les besoins narcissiques de l'individu. Il rencontre une difficulté à se construire une identité ; son désir de ressembler au groupe se constitue au détriment de ses particularismes, de ce qui fait qu'il est lui. Ce refus d'être soi correspond à une forme symbolique de mort qui n'est pas sans raviver le potentiel d'angoisse. À cela s'ajoute une forte culpabilité qui se met en place. Par ailleurs, il endosse l'identité de « mauvais enfant ». Jean-Charles Terrassier[1] a appelé « l'effet Pygmalion négatif », ce qui conduit l'enfant à se conformer aux attentes des adultes, et, plus généralement, à celles de son entourage. Quand celui-ci est nourri de peu d'exigences ou repose sur une approche qui uniformise, il est amené à refouler son besoin et son désir d'être, à renoncer à exploiter son potentiel.

Tout cela le conduit à vivre un manque de confiance en soi certain. Aussi, sa perception du monde n'est-elle pas toujours des plus positives. L'environnement, les autres, les adultes peuvent être perçus comme sources de danger, de menace, d'inconnu. Cela peut expliquer sa curiosité insatiable, sa recherche permanente de réponses sur la causalité des choses, son besoin aigu de comprendre. C'est là, sans doute, que réside aussi le fondement du quiproquo qui existe entre le monde adulte et lui. La curiosité n'est pas ici une perversion stratégique de l'intelligence, elle n'est pas une recherche de rivalité, de bouleversement d'un ordre des choses, un défi aux lois du monde. Elle n'est qu'une quête d'explications, provoquée et facilitée par un potentiel intellectuel de départ. Et les explications portent sur ce monde qui l'entoure, dont il ne saisit pas toutes les clés. Quand il ne peut le cerner, il cherche à le fuir ou à le maîtriser par une propension au rêve, une horreur des

1. *op.cit.*

contingences, qu'elles soient matérielles, d'ordre organisationnel ou réglementaire. L'imagination, l'esprit d'invention l'aident parfois à tenter de contourner les impératifs de la vie quotidienne, les exigences de son entourage. Celles-ci lui pèsent tout simplement parce qu'il n'en saisit pas le sens, ou bien parce qu'elles entravent un fonctionnement encore par trop pulsionnel lié à son immaturité psychologique. C'est tant la vivacité de son intelligence qui l'aide à maîtriser rapidement un sujet, que l'angoisse née de l'impossibilité parfois de comprendre, parce qu'il ne possède pas les outils psychologiques pour cela, qui le conduisent à changer souvent de centres d'intérêt. Cette peur fondamentale est une caractéristique de la précocité. C'est sans doute elle qui est le moteur du développement accéléré de l'intelligence, celui de la quête de sens, et en tout état de cause, la clé du comportement de l'enfant précoce. Chez lui, passion et démobilisation rapide caractérisent également une attitude face au questionnement du monde au cours duquel il s'arrête souvent au niveau des idées, qui soit lui suffisent, soit l'apeurent.

- *Impact des difficultés scolaires*

Il est important de se pencher sur les conséquences que peuvent avoir sur l'enfant précoce les difficultés scolaires qui apparaîtront du fait d'une inadaptation de l'école. Il va comparer ses échecs avec les périodes scolaires où il excellait et confronter les problèmes qui apparaissent aux réussites qu'il a connues ou connaît encore. Il se sent non seulement marginalisé par rapport aux attentes des adultes, mais aussi par rapport à lui-même, à celui qu'il était, qu'il peut être par ailleurs. Il doit opérer des deuils, ne trouve plus de repères, son narcissisme est atteint, et il perd confiance en lui. Il doute de ses capacités, de son intelligence et met alors en suspens toutes les situations, tous les propos qui l'avaient confirmé dans cette image de lui-même. Il se coule dans le profil que dessinent de lui les adultes au travers de leurs déceptions, de leurs exigences, de leurs jugements. L'interrogation devient existentielle car l'enfant ne sait pas pourquoi les choses ont brusquement changé, pourquoi il a perdu la facilité d'apprendre, pourquoi il ne réussit plus. Aucune explication rationnelle ne s'impose à lui. Il se sent pris dans une mouvance où l'esprit magique de l'enfance reprend le dessus et l'invite à penser à des explications puisées hors du champ de la raison, dans l'irrationnel et, le plus souvent, dans le pathologique. L'enfant se croit atteint d'une maladie mystérieuse qui expliquerait tout. Il devient attentif aux questions médicales, reconnaît en lui les symptômes de telle ou telle pathologie ou affection d'actualité. Il veut à tout prix trouver la cause de cette impuissance qui le gagne, car sinon il serait confronté à un monde arbitraire, fluctuant, ne posant aucun repère stable, où la permanence des choses n'existerait pas. Son insécurité est d'autant plus grande qu'il a conscience d'avoir perdu une part de son pouvoir sur le monde. L'angoisse s'installe, elle est destructrice... Et il faut savoir que si l'enfant précoce a une capacité de refoulement et d'intégration des traumatismes supérieure aux autres, du fait précisément de son intelligence, les réactions ne sont que différées et peuvent survenir ultérieurement.

■ *Différence et dissemblance*

L'enfant précoce apparaît donc comme un enfant différent des autres. Il est important, à ce stade de la réflexion, de se pencher sur le concept de différence qui angoisse les parents et les désarme. Il peut également déconcerter les enseignants, ayant tous alors tendance à vouloir tant dans leur perception de l'enfant, que dans la démarche éducative, le faire coller à un « moule », et cela uniquement par souci de se rassurer. Être *différent* ne veut pas dire être *dissemblable*. Cet enfant n'est pas différent dans son essence, qui est l'humain, ni dans sa nature, qui est l'enfance. C'est en ce sens qu'il est semblable aux autres. Il n'est pas différent en tant que sujet physique et psychique. Il est en cela identique aux autres enfants dans toutes les composantes du sujet humain avec, notamment, sa personnalité qui le rend unique. Comme tout enfant l'est. Il n'est pas différent des autres du fait d'une déficience d'une quelconque fonction. Il est, en effet, un enfant en bonne santé physique et psychologique. Sa différence provient en réalité du désavantage généré par la non-prise en compte par un milieu éducatif, en soi normalisateur, du fonctionnement particulier d'une faculté qui est l'intelligence.

Telles sont les raisons pour lesquelles la situation de l'enfant précoce relève davantage d'une politique d'équité, d'une prise en charge éducative adaptée que d'une approche spécialisée, voire thérapeutique. C'est la souffrance issue de l'absence ou du refus de la mise en place d'une telle démarche qui, à la longue, provoquera une différence de type pathologique qui, elle, est acquise et non innée.

L'enfance n'est pas une maladie

La psychologie est à la mode et le recours aux traitements psychologiques, ou même psychanalytiques, est devenu un réflexe pour tous ceux qui se jugent atteints des nouveaux maux du siècle. Les enfants sont les victimes privilégiées de cet engouement et les parents, comme les enseignants, les dirigent vers les cabinets des psychothérapeutes dès que cela ne va pas. Cette attitude, qui tient davantage du réflexe que de la sagesse, a souvent des conséquences négatives : d'une part, elle transforme parfois un enfant à forte personnalité en un enfant difficile, le plaçant au même rang que les arriérés, psychotiques ou autres. D'autre part, cette démarche déculpabilise parents et éducateurs en situant les causes du problème dans l'enfant.

En fait, en dehors de cas particuliers que la science psychiatrique sait définir, tous les enfants qui suivent une thérapie sont en réalité victimes des adultes. Ce sont souvent ces derniers qui jugent leurs comportements « anormaux », et décèlent des problèmes qui n'en sont pas. Dans la plupart des cas, de tels jugements ont pour origine une mauvaise information des adultes concernant la psychologie de l'enfance, et l'ignorance de leur part des manifestations extérieures des étapes déterminant l'évolution dans l'enfance et l'adolescence. Quand les élèves ne se plaisent pas dans leur école, quand ils n'assimilent pas les programmes, on situe le problème en eux sans remettre en cause un système qui peut être défaillant, un enseignant incompétent, des enseignements inadaptés. Parents et éducateurs cèdent trop souvent à ce rêve de l'enfant parfait, normé.

En aucun cas, le psychologue ne doit devenir le refuge de parents démissionnaires et de maîtres incompétents, en ayant la prétention de guérir quand il n'y a pas maladie.

CHAPITRE 5

Les besoins éducatifs spécifiques de l'enfant précoce

Compte tenu des problématiques liées au vécu de la précocité, l'enfant nécessite très tôt une prise en charge adaptée au sens où celle-ci doit prendre en compte les répercussions du vécu de la précocité sur la nature enfantine ou adolescente d'une part, et sur la scolarité de l'autre. Nous présentons ici aux parents et aux enseignants les principaux domaines qui nécessitent de leur part une attention toute particulière.

Préserver l'enfance

Les adultes doivent avant tout, par le biais de leur attitude, de leurs propos, *renvoyer l'enfant à son enfance*. Cela n'est pas évident chez certains dont l'attention est essentiellement attirée par les caractéristiques de la précocité, d'abord parce que l'enfant précoce prend le pas sur l'enfant ; ensuite, parce que se met en place une tendance à le considérer comme un adulte, facilitée quand, sur le plan des échanges, son raisonnement s'apparente à celui d'une grande personne. Pour rappeler ce sentiment d'enfance, qui peut être hypothéqué, et ainsi conduire l'enfant à vivre pleinement son statut sans « brûler d'étapes » de manière dommageable pour la construction de sa personnalité, les adultes veilleront à bien identifier les besoins réels de l'enfant, à lui apporter des réponses et à ne pas se cantonner à la seule prise en compte de ses besoins intellectuels. Car l'enfant précoce, répétons-le, est avant tout un enfant comme les autres, réagissant comme eux aux événements et influences de la vie. Il a besoin de son enfance pour consolider son identité première. La réussite d'une vie, comprise dans ses composantes socioprofessionnelles et personnelles, est essentiellement liée à la stabilité émotionnelle, et non à la seule intelligence ; il n'y a pas de corrélation établie entre le Q.I. d'un enfant et l'avenir de l'adulte qu'il deviendra. Rappelons les besoins de l'enfant dont la satisfaction garantit l'équilibre.

• Les besoins d'ordre physiologique

✓ *La nourriture* : elle revêt aussi une dimension psychologique. L'aliment reste la matérialisation de l'amour maternel. Manger, c'est se sécuriser. Il est aussi objet du monde. En l'absorbant, l'enfant assimile une part de son environnement, il intègre quelque chose d'extérieur à soi. De ce fait il ne grandit pas seulement sur le plan physique.

✓ *Le sommeil* : il est indispensable à la maturation du système nerveux. Il est aussi la caisse de résonance de la vie psychique, le temps où se structurent les apprentissages.

✓ *L'hygiène* : elle aide à la prise de conscience du corps, à l'élaboration de l'image de soi. Elle est pour l'enfant précoce l'occasion de connaître, d'apprendre à aimer et à valoriser ce corps qui peut parfois lui apparaître comme un ennemi.

✓ *Le mouvement et l'activité* : grâce à eux l'enfant libère son énergie physique, ce qui empêche le processus de refoulement et le recours à des mécanismes agressifs de compensation. Par l'investigation, l'exploration, il fait des expériences, apprend à s'adapter à des situations sans cesse nouvelles. Il développe par là ses facultés intellectuelles. En manipulant, en tâtonnant pour rechercher des solutions, c'est tout son appareil sensoriel qui s'enrichit.

• Les besoins cognitifs

✓ *Connaître, découvrir, manipuler* : l'enfant se perçoit lui-même comme une énergie à la conquête de son environnement et, par là, aiguise ses pouvoirs. Par l'action, il s'intègre à son milieu. Agir lui donne une vision positive du monde.

✓ *Créer* : il développe son imaginaire et se constitue un capital psychique à même de l'aider à gérer les souffrances. L'imaginaire est un moyen de compenser traumatismes et frustrations.

• Le besoin de grandir

L'enfant veut être reconnu, respecté et non infantilisé. Ce sont les conditions de la motivation et, surtout, de la stimulation qui vont le conduire à s'investir. L'encouragement suscite le dépassement de soi et permet l'extension des compétences. Si l'adulte prend en compte les aspirations de l'enfant, celui-ci gagnera en valorisation et en optimisme, qui sont des données non négligeables pour la construction de sa vie. La confiance en soi et en l'avenir est le moteur de l'ambition et de l'action.

• Les besoins affectifs

✓ *L'amour* : il est essentiel, il permet à l'enfant de vivre et de grandir. Il doit être dit et montré pour contribuer à l'équilibre de l'enfant auquel il donne aussi une identité. Il transparaît dans l'intérêt qu'on lui porte, les encouragements prodigués, la valorisation de ses qualités et compétences. Il est ainsi le vecteur des apprentissages.

✓ *L'autorité* : l'enfant a besoin de bornes, de repères, d'exemples aussi pour canaliser l'angoisse liée à la conscience de ses faiblesses ou de sa non-adaptation au monde du fait de sa nature. L'autorité lui permet de construire la confiance qu'il doit avoir en lui-même et l'autonomie. Les références, morales notamment, provoquent un sentiment d'appartenance au groupe, qu'il soit familial ou social.

✓ *Par les références sociales*, l'enfant se situe par rapport aux autres, d'où le désir de progresser, de se dépasser. Il met alors lui aussi en avant ses qualités, ses compétences personnelles. Les références morales, quant à elles, marquent des points de repère, garantissent la sécurité et aident à se forger un jugement personnel.

La maturité psychique et intellectuelle est favorisée. Pourtant l'autorité ne doit pas reposer sur la négation ou l'humiliation de l'enfant, mais, au contraire, se fonder sur l'amour, l'écoute et l'explication.

✓ *La reconnaissance* : l'enfant a besoin d'être reconnu comme sujet existant, ce qui signifie qu'il est partenaire de la relation éducative. Il n'est pas un objet d'éducation. Cela nécessite la communication, le dialogue et son corollaire, qui est l'écoute. Cela implique aussi que l'on prenne en compte la spécificité de sa nature, de ses capacités. Ainsi, doit-on favoriser la rencontre avec d'autres enfants pour permettre le partage d'une identité commune qui renforcera l'individualité enfantine. L'enfant doit être reconnu dans son besoin de grandir, ce qui suppose respect, encouragement, soutien.

✓ *Le jeu* : c'est par lui que l'enfant acquiert la maîtrise de son environnement et de son corps, qu'il développe son imaginaire et, par ce biais, émousse ses peurs d'un monde apparemment hors de sa portée. C'est aussi le jeu qui l'aide à dépasser la souffrance liée à la perte de l'objet maternel. Il est surtout source de plaisir et participe à la construction de l'équilibre psychique. L'absence de jeu témoigne d'une angoisse insurmontable et caractérise l'enfant dépressif.

■ *Tenir compte de sa sensibilité*

L'enfant précoce est sensible. Cela signifie qu'il a des réactions plus fortes que les autres enfants. Il réagit à des stimuli qui laissent ces derniers indifférents, et ses comportements sont essentiellement provoqués par l'angoisse. On rencontre plusieurs profils de sensibilité.

La première se manifeste plus particulièrement dans le *domaine social*. L'enfant se montre prudent ou mal à l'aise en situation de groupe. Il n'aime pas rencontrer des gens nouveaux, est anxieux devant des situations à découvrir. Sa sensibilité face au changement se traduit par la perte de tous ses moyens quand il est bousculé ou pressé. Préférant rester seul, il garde pour lui ses émotions et ses pensées. La sensibilité émotionnelle est, par exemple, présente chez un petit qui se pose beaucoup de questions du type « et si... ? ». Perfectionniste, pleurant facilement, il se laisse contrarier par erreurs et échecs, accepte mal les moqueries et, presque trop gentil et trop obéissant, il craint toujours de blesser les autres.

La *sensibilité qui est liée au tempérament* provient d'un mélange de données génétiques (elle permet à l'homme d'identifier les sources de danger) et éducatives. Ces dernières les ont exacerbées, voire dévoyées. La sensibilité n'est pas sans compliquer le travail d'éducation : l'adulte risque de mal interpréter le comportement enfantin, prenant par exemple de l'inquiétude pour de la paresse. En niant les perceptions réelles de l'enfant, un climat d'incompréhension s'instaure, en même temps que ce dernier aura du mal à être lui-même. Il importe avant tout d'accepter cette sensibilité, et de ne pas vouloir modifier ce tempérament par un harcèlement éducatif qui n'aura, de toute façon, aucun résultat. Il faut veiller à ne pas user de mots qui cataloguent et risquent de cantonner la personnalité dans une catégorisation négative (il est timide, capricieux...), et cela surtout en présence de tiers, car l'enfant peut se sentir humilié ou tout au moins démuni, enfermé dans un carcan de caractéristiques qui lui sembleront alors une fatalité. L'adulte doit aider l'enfant à mettre en place des stratégies de compensation. Il doit, tout d'abord, composer avec sa sensibilité pour lui faire comprendre qu'il est aimé et surtout pour l'amener à vivre le plus d'expériences possibles qui révéleront de lui une image positive. Il est bon de parler avec l'enfant de sa sensibilité pour qu'il se comprenne et s'accepte, sans pour autant se dévaloriser. Il faut également lui donner du temps pour progresser et s'affirmer. On peut ainsi, avec lui, établir une liste de progrès à effectuer, de situations mal vécues à surmonter. On s'attachera alors à le valoriser, à mettre l'accent sur les évolutions positives, à l'encourager devant les doutes, les peurs et les faiblesses, sans pour autant les condamner. L'essentiel est que l'enfant se voie autorisé à vivre les émotions générées par sa sensibilité, et qu'il se sente sécurisé.

■ *L'anxiété de l'enfant et de l'adolescent*

L'anxiété, parfois assimilée à l'angoisse, trouve sa source dans le conflit qui oppose nos pulsions et les interdits apportés par l'éducation. Certaines situations de vie, dont l'enfance et l'adolescence, conduisent à une plus grande vulnérabilité.

Durant ces deux périodes, les jeunes sont totalement dépendants sur les plans affectif et pédagogique. Quand, dans ces domaines, ils ne peuvent rencontrer de stabilité, l'anxiété apparaît. C'est notamment le cas lors de mésententes conjugales, ou avec une éducation laxiste qui ne donne pas suffisamment de repères. Il peut y avoir, dans une famille, une tendance à l'anxiété mais on ne peut pas dire qu'elle est héréditaire. Pourtant, si nous faisons nous-mêmes preuve de comportements angoissés, les risques de voir les enfants touchés sont supérieurs.

L'anxiété peut naître chez les enfants les plus sains et bien suivis sur le plan éducatif, elle ne doit pas être considérée pour autant comme un signe pathologique. Bien souvent, l'enfant dispose de mécanismes de défense qui le conduiront à s'accommoder de son angoisse. Les symptômes vont de l'énurésie, des diarrhées, des troubles respiratoires ou cutanés jusqu'aux pertes de confiance en soi, aux pensées négatives, en passant par les classiques maux de ventre ou de tête. Ce n'est que par leur persistance et leur intensité que ces signes peuvent revêtir un caractère significatif.

De plus, l'enfant et l'adolescent ne peuvent guère exprimer ce qu'ils ressentent, ne trouvant pas les mots justes. Cette gêne s'exprimera par une agressivité inexpliquée envers l'entourage ou bien encore contre des objets, comme par exemple, le livre de maths, source de difficultés.

La démission systématique, le refuge dans le rêve permanent, l'adoption de rituels de protection (porte-bonheur, habitudes…) sont autant d'attitudes par lesquelles le jeune cherche à fuir cette anxiété. Celle-ci explique aussi, sur le plan comportemental, une phobie scolaire se traduisant par des fugues, des oublis, des vols…

Quelles peuvent être les origines de l'angoisse ? D'abord des parents perfectionnistes qui, souvent avec les meilleures intentions du monde, exigent beaucoup de leur enfant. Celui-ci a alors peur de ne pas répondre à leur attente.

Le milieu scolaire engendre souvent la peur de l'inconnu (nouvelle classe, nouveau prof...), et la crainte d'échouer peut installer l'enfant dans un cercle vicieux : ne réussissant pas, il est considéré comme un mauvais élève et traité comme tel. La peur de l'échec peut également le conduire à la passivité, et il en sera désavantagé.

La tâche des adultes est d'apprendre à l'enfant à lire son environnement, à ne pas se laisser angoisser par le monde qui l'entoure (relevons cependant qu'il est source de multiples agressions qui génèrent l'anxiété). Sachons dédramatiser les difficultés, sachons féliciter pour les réussites et encourager dans le progrès. Patience et objectifs scolaires adaptés à l'enfant aideront à prévenir l'anxiété.

Quelques démarches éducatives

■ *Éduquer, c'est aimer*

S'il est clair que les démarches éducatives et les structures institutionnelles de prise en charge des enfants doivent s'adapter à l'enfant précoce, il est certain que cela ne s'effectue pas facilement et qu'il rencontre en cela maintes difficultés, sources de frustration et de souffrance. Par ailleurs, la socialisation de l'enfant implique qu'il intègre des règles, des valeurs, et le rôle des adultes est de le conduire vers ces réalités. Il s'agit là du principe même d'éducation. S'il est une donnée qui permette à l'enfant précoce de différer la réponse à ses besoins particuliers, voire de supporter la frustration, c'est bien *l'amour*. Il en a, de ce fait, sans doute encore davantage besoin que les autres enfants.

L'amour est, pour l'enfant, le passage incontournable qui lui donne accès à sa personne. Cet amour se traduit d'abord par la réponse appor-

Quand faut-il consulter ?

La question est d'importance car c'est dans l'enfance que naissent les difficultés qui, plus tard, à l'adolescence ou à l'âge adulte, peuvent s'avérer difficiles à pallier. Mais il ne faut pas pour autant se précipiter chez le psychologue pour la moindre difficulté relationnelle ou la moindre modification du comportement, qui sont choses naturelles quand une personnalité se développe. On sera particulièrement attentif lorsque se manifeste dans la durée une impossibilité à se concentrer, ou encore une lenteur exagérée. Quand des manifestations de régression s'installent (énurésie, langage bébé), quand survient un bégaiement. Il est alors important d'avoir l'aval d'un thérapeute. Mais, c'est surtout quand l'angoisse est latente, au travers d'attitudes particulières (le fait de se ronger les ongles, de grincer des dents...), d'une agressivité injustifiée, de troubles du sommeil ou de cauchemars fréquents, qu'il faut envisager une aide professionnelle. Parfois l'impossibilité d'apprendre à lire ou à écrire témoigne de la peur de grandir, et, là aussi, l'enfant doit être accompagné. Celui qui se replie sur lui-même lance un appel et signale une détresse intérieure. Les parents ne doivent pas se culpabiliser devant la souffrance psychique de leur enfant, car un climat de confiance et de sérénité doit accompagner la prise en charge thérapeutique.

tée aux besoins fondamentaux mentionnés plus haut, et ici, plus particulièrement, aux besoins de stimulation intellectuelle. Mais cela ne suffit pas. L'amour doit être dit, montré gratuitement, en dehors de tout souci éducatif, en dehors de toute attente de compensation.

Mots d'amour, gestes d'amour sont les « aliments » indispensables pour que l'enfant précoce se sente exister, se sente le droit d'être tel qu'il est, avec sa différence, ses qualités et ses faiblesses. L'amour apporte une identité en même temps qu'il sécurise. Et tout cela permet de grandir, alimente le désir d'apprendre et de devenir. L'amour écarte également la culpabilité pouvant naître chez un enfant qui, se sentant mal aimé, se considérerait comme mauvais et entrerait dans une spirale de construction de personnalité négative, où autodestruction et violence seraient des moyens désespérés de s'affirmer, d'attirer sur soi l'attention du monde.

Le sourire, le mot qui dit l'amour sont les éléments quotidiens du travail éducatif. Cela est d'autant plus crucial à l'adolescence, lorsque le jeune doute de l'existence, de sa personnalité, de sa valeur, de sa place dans le monde : quand il est victime de la souffrance issue du deuil de son enfance, nécessaire à effectuer, quand il est confronté à sa peur d'exister devant un avenir incertain. L'expression de l'amour est certes plus difficile car la pudeur s'installe entre adultes et enfants. Le jeune se montre en effet souvent distant tant il cherche aussi à éviter la fusion avec eux pour précisément se construire en s'opposant.

Et pourtant, l'adolescent a besoin d'être rassuré quant à l'amour des adultes, il reste réceptif aux mots, sait lire l'affection derrière les attitudes, les gestes qui sont là pour le reconnaître, derrière la manière dont on accepte sa violence, sa souffrance.

L'amour doit également être présent à l'école. Un enseignant qui aime ses élèves est aimé par eux, et réussit dans sa mission pédagogique et éducative. Dans ce cas présent, l'expression de l'amour ne peut s'apparenter à un sentimentalisme. Elle doit se traduire par le respect que l'on porte à l'élève, la manière dont on l'accueille, celle dont on reçoit ce qu'il dit ou fait. L'amour s'exprime ici par la valorisation, l'encouragement, la mise en avant des réussites dans un premier temps, et non des échecs. Il s'exprime aussi par l'écoute. Aimer ses élèves, c'est aller au-delà de l'apprenant pour reconnaître un semblable en voie de formation et qui a besoin d'un guide. Aimer un élève, cela dépasse les seuls savoirs techniques et disciplinaires. Comme chez les parents, cela va au-delà de la seule maîtrise des savoirs ou gestes éducatifs.

Éduquer un enfant est un projet global dans lequel on doit s'investir totalement, sans état d'âme, sans égocentrisme ou égoïsme, en existant soi-même dans une dignité et un engagement qui offriront au petit, à l'adolescent qu'il deviendra, une référence librement choisie à partir de laquelle il se construira.

Du désir au plaisir

Freud a montré combien le *principe de plaisir* est le moteur de l'existence humaine. Mais attention, il ne faut pas en conclure que vivre doit se réduire à une recherche effrénée et exclusive de plaisir. Non, il s'agit avant tout d'évacuer les tensions et le déplaisir qu'elles engendrent. Dès lors, on ne court pas vers la facilité, on n'occulte pas les notions d'effort, de travail puisqu'elles débouchent logiquement elles-mêmes sur le plaisir : plaisir du résultat, de la réussite, du dépassement de soi, de la prise de risque… L'éducation au plaisir ou à son absence conditionnera grandement la personnalité et son adaptation psychosociale. L'enfant précoce a très souvent perdu sa capacité de plaisir, liée, chez lui, aux apprentissages. Il est également desservi par l'angoisse latente qui l'habite, en même temps que par la souffrance attachée à son vécu. Celui-ci l'interroge notamment sur son identité, sa différence, le pousse davantage vers une négation de soi, une sensation de déplaisir. Les rapports qu'il entretient avec son corps l'écartent également de ce qui constitue la base de notre harmonie.

C'est par la prise en compte de ses désirs que l'on aidera l'enfant précoce à réenclencher une dynamique de plaisir. Ils ne doivent pas être rejetés, niés, mais acceptés quels qu'ils soient. Et si leur satisfaction ne peut être assurée, il est impératif que leur expression soit autorisée, qu'ils soient compris et admis par les adultes qui devront alors, par les mots, aider l'enfant à saisir éventuellement l'impossibilité de leur réalisation, voire à les différer dans le temps. C'est ainsi que les interdits qui constituent une nécessité éducative doivent être intégrés par les enfants, et non imposés, afin qu'ils deviennent des garde-fous permettant l'expérience du plaisir sans culpabilité, sans risquer d'alimenter une névrose qui menace sans cesse l'enfant précoce du fait des obstacles qu'il rencontre dans la réalisation de soi. L'attention des adultes doit être attirée sur l'importance de leur propre attitude face au plaisir : elle va conditionner celle de l'enfant de manière importante. Cela doit les amener à passer leurs convictions au crible de la vérité, à réactualiser l'enfance qui est en eux, dans leur corps et leurs rêves, pour donner l'image d'un adulte ouvert au plaisir. Car celui-ci ne s'enseigne pas mais se montre. Un enfant qui voit des adultes vivre avec joie et bonheur des passions, des relations sociales — vivre pleinement étant le fait de s'engager par l'action, d'avoir un but, d'avoir une vision positive des choses — qui les voit tirer satisfaction de la vie, aura lui aussi besoin d'aller découvrir les sources de plaisir de l'existence, et celles-ci passent immanquablement par l'apprentissage. Il voudra connaître l'envie de dépasser sa souffrance, d'exprimer ses désirs à ceux qui se doivent alors de l'écouter. Vivre est sans doute aussi la meilleure méthode de transmission du plaisir, car on évite ainsi l'écueil qui consiste à imposer ses propres conceptions de la chose.

■ *Réhabiliter le corps et les sens*

L'enfant précoce établit des rapports difficiles avec son image et, plus particulièrement, avec son corps. Son déficit psychomoteur engendre des maladresses et suscite une certaine immaturité : à ses yeux, son corps matérialise ces difficultés tout en étant le réceptacle de sa différence et de la maladie qu'il pense porter en lui. Aussi, faut-il l'aider à se réconcilier avec son corps. Bien sûr, cela occasionne tout un travail pédagogique qui ne se limite pas à l'éducation physique et sportive, ni même à la pratique d'un sport. L'expression corporelle doit être au programme pour permettre à l'enfant de percevoir ce corps, non pas comme un ennemi, mais comme un allié capable d'exprimer ce qu'il ressent. En même temps, lui seront révélés tous les potentiels de cette enveloppe qui le dérange très souvent.

On aidera l'enfant précoce à prendre conscience de son corps en identifiant ses besoins. On attirera son attention sur les rythmes biologiques ; on respectera ses désirs, ses goûts, notamment alimentaires, en variant et multipliant les expériences sensorielles. Le corps pourra ainsi être synonyme de plaisirs. Il faut également lui apprendre à aimer celui-ci, à le mettre en valeur, lui montrant ainsi qu'il en a la maîtrise et qu'il ne le subit pas. À lui, le plus tôt possible, de lui apporter les soins nécessaires.

L'enfant précoce, poussé par son intelligence, toujours en quête de significations, a tendance à construire sa connaissance de manière abstraite, et à devenir un « cérébral ». Or, c'est par les sens que l'enfant explore son environnement, développant par ce biais son intelligence, quand celle-ci n'est pas, comme c'est ici le cas, une donnée préétablie. La précocité le pousse à brûler une étape : la construction du sens par le sensoriel. Le petit précoce passe de l'intuitif au signifié, sans pour autant élaborer celui-ci. L'appareil sensoriel permet de former et d'enrichir nos idées, voire notre créativité. Les sens doivent être préservés, travaillés pour faciliter l'ancrage du sujet dans le monde, et, ainsi, aiguiser la perception qu'il en a. La tendance à tout intellectualiser, à tout « conceptualiser » affaiblit les sens, elle nous dépossède de cette faculté naturelle que nous avons de réagir spontanément et concrètement aux stimulations du milieu. Autrement dit, il faut aussi savoir sentir le monde qui nous entoure pour s'y fixer, ne pas toujours vouloir l'analyser et le comprendre. Cette dernière tendance, nourrie par le besoin de savoir, déconnecte très souvent l'enfant précoce de la réalité et de sa matérialité. Cela ne peut qu'alimenter le potentiel d'angoisse qui émane de son sentiment d'être différent, étranger au réel, à l'humain. Il est alors bon de renforcer son immersion dans la réalité. Faire voir, toucher, sentir, goûter, entendre le monde est un moyen d'aider l'enfant à s'adapter à lui.

Rêve et création

Le rêve est fondamental pour l'enfant précoce. L'accepter, c'est lui permettre de développer son potentiel imaginaire qui l'aidera à pouvoir réagir face à l'inconnu angoissant de sa situation. C'est aussi un atout pour la conduite de son existence : l'imaginaire, s'inscrivant entre la manifestation des besoins et leur non satisfaction immédiate, permet de mieux supporter les frustrations de la vie, nombreuses chez lui. L'imaginaire va notamment l'aider à concevoir les multiples facettes de la réalité, et, ainsi, à relativiser et à ne pas céder à la vision réductrice de son propre vécu. Il permet également de dépasser les peurs, de faire l'expérience de la liberté, de penser par soi-même, et de découvrir et exprimer ses désirs inconscients. Arts plastiques, éducation musicale ont une place prépondérante dans la formation de l'enfant précoce. Ils apportent une compensation narcissique à son sentiment de différence et de rejet.

L'enfant est un créateur né. Dès qu'il a les moyens de maîtriser sa voix, ses mains, son corps, il crée. Il crée avec la matière, avec la couleur, avec les sons... Pourtant, cette création n'est pas toujours bien perçue par les adultes qui ne voient pas la valeur de ce qu'ils ne considèrent que comme autant de gribouillis, pâtés de couleurs... Activités qui, de surcroît, salissent vêtements et mobilier. L'école elle-même, du moins à partir de l'élémentaire, canalise cette fièvre créatrice démesurée de l'enfant.

La création enfantine a besoin de conditions particulières pour se concrétiser. Le climat de relation avec les adultes doit être ouvert et non directif, il doit reposer sur une communication active entre les personnes. Le milieu dans lequel le petit vit doit également être riche en matière artistique (bain musical, livres, tableaux...) qui stimule sa sensibilité et son imagination. L'essentiel des activités artistiques proposées est qu'elles aident l'enfant à s'exprimer, à s'extérioriser, à donner libre cours à son potentiel créatif qui est un besoin de son inconscient. Dans celui-ci s'accumulent les matériaux les plus divers, enrichis par les expériences de l'enfant avec les autres, le réel, l'environnement de vie, ses aspirations, regrets, souffrances et bonheurs. L'ensemble de ce brassage a besoin d'être organisé, matérialisé par une création quelconque. Ainsi, elle les placera dans l'espace, la matière et la couleur.

Il est donc inutile de proposer à l'enfant d'apprendre une technique tant qu'il aura besoin d'une création spontanée. Son épanouissement, la libre expression de son imagination suppléent les qualités techniques qui ne sont, en fait, qu'un moyen. On peut cependant, de manière progressive, conduire l'enfant à ressentir le besoin d'un savoir-faire en le confrontant à des œuvres d'art en rapport avec ses créations. Des ouvrages de vulgarisation de l'histoire de l'art peuvent ainsi aider dans le domaine pictural, l'audition de morceaux choisis dans celui de la musique...

L'adulte, avant de l'aider plus directement, doit faire preuve d'intérêt vis-à-vis des productions de l'enfant, et, surtout, lui exprimer toute sa confiance. S'il peut en lui-même interpréter, c'est avant tout avec le cœur qu'il doit s'exprimer, gardant pour lui toute estimation esthétique, voire psychologique. L'engagement de l'adulte dans la production, et par là même celui de l'enfant, s'effectuera par le biais d'un dialogue sur l'objet créé, dialogue guidé par l'adulte, mais également laissé tout à l'initiative du petit.

La création artistique, sous toutes ses formes, permet à l'enfant de se libérer des interdits et de l'angoisse. Peindre est un besoin particulièrement recherché : la couleur impressionne l'intelligence et la sensibilité. Elle affine la capacité motrice, l'observation et la perception, en même temps qu'elle conduit — par le biais de correspondances, phénomène notamment relevé par les romantiques — aux autres formes de perception artistique.

Importance de la communication dans l'éducation

L'échange est indispensable à la formation et à l'entretien de l'intelligence. À cet égard, *la qualité de la communication avec l'enfant précoce* est prépondérante. Elle doit se fonder sur la richesse des messages verbaux qui doivent dépasser l'utilitaire, le futile ou le purement fonctionnel, pour aller vers l'expression des émotions et des idées. Cette communication doit être marquée par une écoute qui n'est pas anticipation des propos de l'enfant, mais bien suspension de sa propre vie psychique pour, grâce à l'attention qu'on lui porte, s'ouvrir à sa compréhension et à son acceptation.

On y parviendra grâce à une bonne verbalisation de ses propres propos, par l'expression d'un réel plaisir à communiquer avec l'enfant, et surtout par le fait d'accepter ses questions. Y répondre, même partiellement, ou différer la réponse si elle ne peut être immédiate, est crucial. Les questions posées par l'enfant précoce reflètent — davantage que chez un autre, où le questionnement permet de tester l'attention et l'intérêt de l'adulte, où la réponse n'est pas toujours l'essentiel — le besoin d'éclairer une préoccupation issue, le plus souvent, d'une angoisse existentielle. Cette interrogation fait partie d'un processus de maîtrise du monde qui permet de satisfaire une exigence de sécurité. L'enfant précoce a besoin de saisir la réalité par les mots qui activent son processus de pensée. Précision et qualité de langage sont donc importantes avec lui. Il est un « petit raisonneur », et l'on peut donc s'adresser à sa raison ; il reste cependant un enfant et a besoin qu'on lui parle de la vie.

L'adulte doit être attentif au fait que chez cet enfant, contrairement aux autres, la communication n'est jamais formelle. Elle est toujours une démarche de compréhension et de recherche d'harmonie de soi et du monde environnant. Si des réponses ne sont pas apportées ou si l'enfant rencontre une fin de non recevoir, il s'interroge sur les raisons de cet état de fait, repense l'image qu'il a des adultes qu'il veut sécurisants. Il effectue aussi d'ailleurs cela par le biais de défis oratoires, forme de provocation constituée d'un questionnement assidu — en « poupées russes » — ne se satisfaisant pas des réponses, allant toujours plus loin, comme s'il voulait pousser l'adulte dans ses retranchements. Si des explications ne sont pas données, il intègre la perception d'un monde « inexplicable », donc peu sécurisant. L'angoisse s'impose alors.

■ *Négocier avant tout*

Dans le domaine de l'éducation des enfants, les relations d'opposition n'entraînent que des déboires, et ne sont donc pas profitables à leur épanouissement. Ici, comme ailleurs, la négociation prime.

Qu'est-ce qui va caractériser une décision non imposée ? C'est d'abord le fait qu'elle implique la participation de l'enfant à son élaboration, qu'elle amène l'adulte à reconnaître en lui une personne dont il accepte les différences. Elle établit de surcroît une interdépendance entre les parties. Comment juger de la qualité de la négociation éducative ? La solution adoptée satisfait besoins et préoccupations tant de l'enfant que des adultes. Elle ne laisse pas de ressentiment, et surtout elle renforce la relation facilitant la résolution de problèmes futurs.

Certes, négocier avec un enfant n'est pas facile, cela nécessite du temps, de la patience et une bonne santé nerveuse. Mais en mesurant les limites des autres possibilités éducatives, nous en percevons facilement les avantages. En imposant notre propre point de vue, nous générons de l'humiliation, puis du ressentiment, tout en renforçant l'enfant dans sa détermination. Cela l'entraîne à mentir, à tromper. Céder, c'est, paradoxalement, encourager l'escalade de l'agressivité chez l'enfant qui va alors se donner pour but de tester les limites des adultes. « Couper la poire en deux », c'est penser donner à l'autre l'impression de gagner, mais c'est aussi amener l'enfant à comprendre rapidement qu'il faut toujours demander plus pour en avoir un peu. Menacer l'enfant de recourir à l'autorité est le meilleur moyen de se faire haïr par lui et de ne plus être crédible.

La menace a ses limites, et un enfant ne comprendra jamais qu'une décision qui ne lui plaît pas est prise pour son bien. Tout choix « téléguidé » va le rendre méfiant. Un accord ne porte ses fruits que si les deux parties sont gagnantes : le chantage affectif, les manipulations diverses, ne peuvent engendrer que culpabilité et sentiment d'insécurité. On le voit, toutes ces approches rencontrent des limites importantes.

Le premier point important dans la négociation est d'accepter le conflit. Nécessaire, il est un signe de la vitalité des personnalités, un moyen de progresser dans les relations, de forger son caractère, il est également l'occasion de faire montre de tolérance. Il s'agit ensuite de se débarrasser de certaines idées reçues, par exemple l'idée qu'un terrain de négociations doit être un champ de bataille, qu'être en désaccord, c'est se montrer désagréable, qu'être honnête dans ce contexte, c'est être naïf, ou encore que comprendre l'autre, c'est adhérer à son point de vue. Pour une négociation constructive, il importe avant tout de chercher la désescalade en attendant que les passions s'estompent, en évitant de les alimenter.

On s'attachera à se désensibiliser soi-même en connaissant ses propres points faibles, ses angoisses. Dans un second temps, il s'agit de comprendre l'enfant avant de se faire comprendre par lui. La pratique d'une écoute active et d'un questionnement ouvert aide surtout en cela, ils apportent le maximum d'informations vraies. On montrera à l'enfant que l'on a saisi ses arguments en les reformulant, et on exprimera ses propres émotions face au sujet d'opposition, sans toutefois chercher à le culpabiliser. L'essentiel sera alors de faire la synthèse des besoins et des préoccupations de chacun pour aboutir à rechercher une « troisième voie ». Cela s'effectue en élargissant la palette des solutions possibles, ce qui réduira le « coût d'acceptation » des deux parties. Proposer un essai de solution limité dans le temps, pouvant être renégocié, peut débloquer la situation. Pourtant, en tout état de cause, l'adulte ne doit pas perdre de vue qu'il n'y a pas de gravité à céder sur un point mineur à ses yeux, mais important pour l'enfant, et que l'on peut accepter une « défaite » à court terme pour un bénéfice éducatif plus grand à long terme.

■ *Bien poser l'autorité*

Abordons maintenant la question de l'autorité. Imaginatif et se sentant par trop exclu, l'enfant précoce bascule rapidement dans un mode de pensée magique lui rendant difficile l'intégration de la notion de limite. Par ailleurs, par manque de confiance en lui, par peur de l'échec et de décevoir, il refusera souvent les tâches qu'on lui propose, ou ne les achèvera pas. Plus que les autres, il se construit à partir de l'image que l'environnement lui renvoie. Si, de ce fait, les jugements peuvent être destructeurs, il n'en reste pas moins que l'enfant précoce a besoin de cadres, comme tous les enfants. Cependant, il a pour particularité de pouvoir être associé à l'élaboration de ses propres repères. Les interdits, lorsqu'ils ne sont pas porteurs d'une signification, le mettent en position d'insécurité à partir du moment où il n'est pas amené à définir lui-même la règle, par l'exercice de son intelligence et par le langage. La règle doit émerger d'une succession de « pourquoi » et des transgressions inévitables qui aident à élaborer un sens et à l'intégrer. L'enfant précoce est l'enfant de l'expérience des choses, et cela concerne également la mise en place des normes et des valeurs. C'est en cela que la question de la sanction est particulièrement importante car, compte tenu de l'affectif de cet enfant et de sa capacité de compréhension, elle peut aboutir à un sentiment d'injustice capable de l'insécuriser, ou à renforcer la mauvaise image qu'il a de lui-même, phénomène destructeur inhérent à la personnalité du précoce.

La sanction de type répressif ne cherche pas à établir un sens dans le processus punitif. Ce sens pourrait entraîner la compréhension de la sanction et ainsi la reconnaissance de sa légitimité et son acceptation. La sanction vise, en outre, davantage la personne « fautive » que l'acte répréhensible commis. Elle apparaît, de ce fait, comme une agression qui touche l'intégrité de la personne. Cela risque d'engendrer un sentiment d'humiliation, d'injustice, et surtout d'impuissance. La *sanction-répression* divise, sépare en opposant l'un qui détient le droit et la force, et l'autre qui doit les subir. Mettons simplement ces éléments en regard de la psychologie et des besoins, notamment affectifs, de l'enfant précoce pour mesurer combien elle est particulièrement destructrice pour lui.

La *sanction-réparation* va, quant à elle, poser les exigences élémentaires de la formation du psychisme : les notions de règle et de Loi, la nécessité de maîtriser des désirs et d'intégrer des exigences extérieures à soi, liées au contexte social. Tout ce qui met en place l'assise psychique d'un individu et sa capacité à s'adapter. La sanction-réparation instaure la responsabilisation car elle amène à réfléchir sur le lien entre le désir ou l'intention — données qu'elle reconnaît alors, ce qui ne suscite pas de culpabilité —, et la réalité à réparer. Elle ne montre pas, de ce fait, celui qui sanctionne comme un ennemi, mais comme un partenaire qui a certes des attentes et des exigences, mais sur qui on peut aussi compter, se reposer.

Qu'est ce qui caractérise la mise en place de la sanction-réparation ? Elle n'intervient pas sans préalable, sans informations, sans explications sur les risques, les dangers, les raisons du caractère répréhensible des choses, sur la nécessité, le cas échéant, de la réparation. Elle se situe dans un contexte éducatif plein où l'on n'est pas pris au dépourvu. Elle n'est pas génératrice d'angoisse. La sanction-réparation nécessite toujours, tout au long de son processus, un accompagnement par la parole. Elle se présente alors comme une réhabilitation rassurante, au sens où elle substitue la notion d'erreur à celle de faute, connotation morale qui culpabilise et marginalise. Mais attention, la sanction-réparation doit toujours être contraignante et signifiante (pas d'humiliation, de tâches vides de sens, de privations relatives aux besoins fondamentaux), et n'a de valeur et d'efficacité que si elle est effective et systématique. Le terme « réparation » signifie donc qu'une fois la « peine » exécutée, tout est achevé, l'enfant est quitte de tout.

L'enfant précoce est le mieux à même de recevoir une *éducation de type sensualiste* visant à l'initier très tôt aux mécanismes internes qui régissent ses comportements. Cela permet d'éviter la frustration à laquelle il est, hélas, soumis de par sa situation. Son intelligence lui permet généralement de découvrir et de comprendre ses sentiments, ses pulsions… éléments partagés par tous les humains qui l'entourent, ce qui est une réponse à sa quête d'identité. Cette éducation déculpabilise l'enfant qui, ainsi, va réhabiliter en lui-même « l'enfant de nature », le « ça » en langage psychanalytique, qui a généralement été mis à mal par la dyssynchronie interne et externe qui caractérise le précoce.

L'éducation sensualiste veut aller à l'encontre de la répression des forces intérieures pour construire l'adaptation sociale. Rappelons que celle-ci résulte de l'équilibre entre les principes d'accommodation et d'assimilation. Cette éducation du « ça » passe immanquablement par l'opposition aux adultes, qui doivent ainsi comprendre cette étape et la favoriser grâce à une autorité souple. C'est ainsi que l'enfant gagnera une liberté affective qui lui fera prendre conscience de ses besoins, de ses capacités et de ses limites. L'expression des forces intérieures ainsi non réprimées aura pour conséquence que l'enfant ne sera plus un étranger pour lui-même, ce qui reste trop souvent une caractéristique de l'évolution négative de la précocité. Cela ne veut pas dire pour autant que l'éducation sensualiste qui nécessite de la part des adultes une présence de qualité, du temps et de la patience, soit une éducation libérale au sens négatif du terme. En se connaissant ainsi de l'intérieur, en gérant ses peurs, en parvenant à explorer les zones profondes de sa personne, l'enfant parvient, avec l'aide de l'adulte, à s'autocontrôler, à organiser ses énergies. L'adulte doit accepter que l'enfant ressente les mêmes besoins que lui, et il doit les respecter. Il s'instaure alors un respect mutuel et une confiance à même de restaurer la personnalité de l'enfant, de conforter son image et de faciliter ainsi ses relations avec les autres.

Favoriser l'autonomie

Favoriser l'autonomie de l'enfant précoce est indispensable tant pour son éveil intellectuel, que pour le renforcement de sa personnalité. L'autonomie n'est pas se suffire à soi-même. C'est se connaître, maîtriser ses compétences et ses savoirs, élaborer des stratégies pour en acquérir d'autres. C'est pouvoir aller vers les autres, vers les objets (les livres par exemple) qui permettront d'élargir le champ des connaissances et des méthodologies. C'est une liberté d'être et d'agir, qui n'est pas pour autant absence de bornes, indispensables pour que l'enfant se sente en sécurité dans son exploration. Être autonome, c'est précisément reconnaître les limites, les situer et savoir quand elles peuvent disparaître eu égard aux compétences acquises et aux exigences de l'environnement. C'est aussi en mettre soi-même d'autres en place pour pouvoir s'y appuyer lors d'une quête vers un nouveau degré d'autonomie. C'est à l'adulte de montrer cela à l'enfant en étant lui-même responsable, en prenant des engagements, en vivant la notion d'effort et en l'éduquant à ces valeurs, qui, avec l'encouragement au travail personnel, sont gages d'un cheminement construit vers l'autonomie, concrétisée par le plaisir de lire et de savoir.

Cela ne suppose pas un savoir-faire éducatif particulier. C'est dans le quotidien de la vie que les adultes doivent dire les mots et adopter les attitudes qui vont aider l'enfant à construire son autonomie. Tout doit viser à ne pas le tenir dans une dépendance trop grande. Celle-ci ne lui laisserait pas assez d'espace psychique pour vivre des expériences à même de développer ses propres compétences. C'est ainsi que se met en place la confiance en soi qui est le fondement de l'autonomie. Les adultes doivent d'abord adopter la démarche du « laisser-faire seul », et ne pas toujours vouloir agir à la place de l'enfant quand ses capacités lui permettent d'essayer d'accomplir une tâche. Il y a une grande différence entre se substituer au petit et l'aider. Les parents, notamment, doivent ensuite abandonner cette tendance qui les pousse à « se sacrifier » pour leur enfant et à faire pour lui ce qu'ils n'ont pas envie de faire, sous prétexte d'éviter une colère. Il a le droit d'exprimer ses émotions liées à une frustration, mais on doit pouvoir lui opposer un refus et lui indiquer que l'on ne peut céder à sa demande parce que, soi-même, on a autre chose à faire, ou, tout simplement, parce que l'on n'en a pas envie, que l'on n'aime pas. Le refus expliqué est nécessaire parce que le petit précoce a tendance à vouloir soumettre les adultes à la loi de ses besoins et de sa volonté. S'il réussit dans cette voie, il entrave le développement de son autonomie en même temps qu'il ne peut faire le deuil de sa toute-puissance. Celui-ci lui est nécessaire, tant à la maison que dans les autres espaces sociaux, pour réaliser que les autres ne sont pas à son service, à sa merci. Ce qui l'amène à prendre conscience de la nécessité de se prendre en charge.

Il est crucial, sur ce plan, de souligner l'importance capitale de la lecture. Il faut y conduire l'enfant dès qu'il le désire et dépasser des considérations pédagogiques toujours contestables, ainsi que l'idée d'une maturité nécessaire pour faire cet apprentissage. S'il est certain que la méthode analytique est mieux adaptée à l'enfant précoce que la méthode dite globale — elle ne cède pas, en effet, à sa perception intuitive, non raisonnée des choses et à la facilité qu'il recherche, l'outillant de surcroît sur le plan méthodologique — l'essentiel est de faire entrer l'enfant dans la lecture qui, non seulement l'aidera à combler sa soif de connaissances, mais lui fournira également la part de rêve indispensable pour qu'il vive sa situation.

L'enfant sera autonome quand il saura :

- Se fixer un programme de travail ou d'activité, des objectifs à atteindre.
- Réfléchir sur les moyens et les stratégies.
- S'attacher à respecter des échéances de temps.
- Repousser les prétextes qui peuvent contrarier son projet.
- S'octroyer une récompense finale : la notion de plaisir que l'on se reconnaît, et qui est liée au travail, est un gage de l'autonomie.

Toutes ces étapes sont à encourager chez l'enfant, non seulement dans le travail scolaire, mais aussi dans la vie quotidienne, pour chacune de ses entreprises.

■ *Renforcer l'estime de soi*

C'est notamment dans les phases de démotivation que le rôle des adultes devient prépondérant car l'enfant, devant la perte de l'envie d'apprendre ou le sentiment d'échec, se construit rapidement une image négative de lui-même. L'estime de soi s'élabore au travers de l'image que renvoie l'entourage et, plus particulièrement, les adultes qui constituent des repères dans la vie de l'enfant, dont il a besoin

La construction de l'autonomie

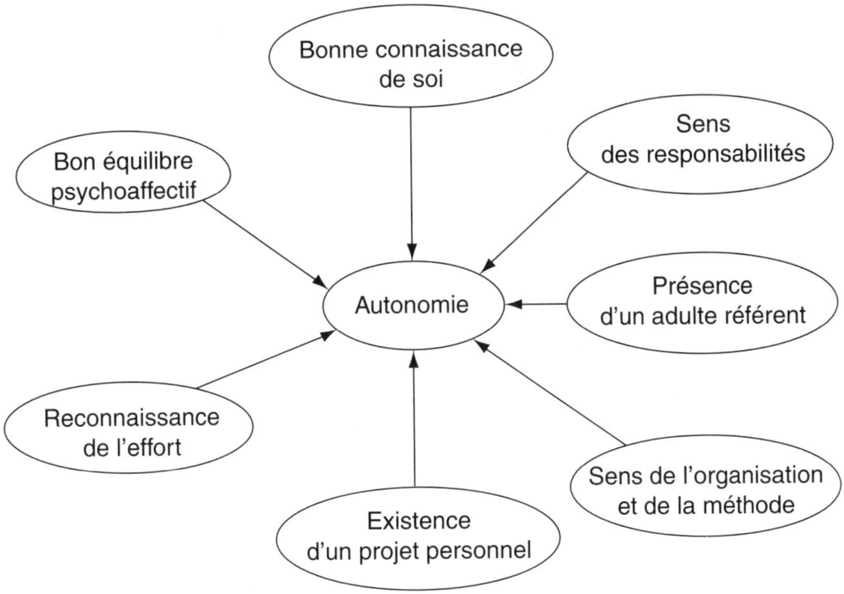

pour grandir. Si ces regards portent de l'amour, de la bienveillance et de l'encouragement à dire et à faire, l'estime de soi se tisse. C'est fondamental lors des premières années de la vie, notamment lors d'expériences de socialisation comme l'entrée à la maternelle ou à l'école élémentaire. Dans ce cas, il est important de montrer que c'est l'enfant qu'on reconnaît, pas forcément l'élève qu'il devient, et que l'amour qu'on lui porte et la reconnaissance de sa valeur ne sont pas tributaires de ses réussites dans ces domaines nouveaux de sa vie. Si ces conditions sont réunies, s'instaure alors ce que l'on appelle l'estime de soi première ou de base, sur laquelle s'élaborera la personnalité de l'enfant et qui lui donnera, de manière définitive, la conscience de sa valeur. Ainsi, il pourra s'adapter à toutes les situations de la vie, notamment celles qui le mettront en difficulté. Il saura faire la part des choses entre lui-même, ses propres capacités et les facteurs qui lui sont extérieurs, tout en mesurant aussi la relativité de l'erreur, ses propres limites qu'il saura intégrer sans se remettre fondamentalement en cause.

À la base de la construction de l'estime de soi demeure donc essentiellement le regard des adultes. On mesure combien celui-ci doit être débarrassé de tout profil d'enfant idéal, ou attendu, pour ne privilégier que celui qui est. Face à l'enfant précoce, la mise en place de ce regard vrai est parfois difficile. Soit, d'une part, parce que celui-ci suscitera de l'angoisse, laissant supposer à l'enfant qu'il ne correspond pas à une attente initiale. Soit, d'autre part, parce que, voulant développer l'image de l'enfant surdoué pour, en vérité, répondre à une attente narcissique de leur part, les adultes vont placer la barre des exigences trop haute et ainsi mettre l'enfant en situation de difficulté, avec, de surcroît, la conscience de ne pas répondre à leurs attentes et tout ce que cela comporte de peur de perdre leur amour, leur protection. Les adultes, face à la précocité, accumulent souvent les erreurs et les travers qui entameront l'estime de soi de leur enfant et le démotiveront. Ils pourront se montrer surprotecteurs du fait de la prise de conscience de sa différence et de sa fragilité, en même temps qu'ils entreront dans un processus de « victimisation » qui déteindra sur celui-ci. L'enfant intégrera en effet celui-ci dans la croyance qu'il est marqué d'un destin négatif, d'une maladie… Cette surprotection empêche notamment l'enfant de se livrer aux expériences de la vie qui lui révéleraient ses capacités. Le manque d'assurance des adultes face à la situation de précocité déteint également sur l'enfant, dans la mesure où il les perçoit en difficulté, en impuissance, et surtout parce que cette situation les empêche d'avoir une approche sereine et valorisante de son existence, de l'encourager, de le féliciter et de le complimenter. Enfin, leur angoisse génère souvent du pessimisme. Cela les conduit à n'aborder et à ne souligner avec l'enfant que ce qui ne va pas chez lui, ce qui leur pose problèmes, en oubliant tous les points positifs de son existence et de ses expériences. Les signes de la perte de l'estime de soi, qui constituent un ensemble de symptômes fréquents chez l'enfant précoce sont les suivants :

- le désinvestissement scolaire total, mais aussi la perte de ses centres d'intérêt, même s'ils ne sont pas liés à l'école ;
- des manifestations psychosomatiques avec perte ou prise de poids, et, surtout, un état dépressif latent ;
- un repli sur soi avec abandon de la prise d'initiatives dans la vie sociale et, parfois, une agressivité marquée envers les autres ;
- des propos permanents d'autodépréciation ou, à l'opposé, une exhibition outrancière de soi, de ses connaissances, paraissant une manière désespérée de s'affirmer aux yeux des autres.

Dès l'apparition de ces symptômes, les adultes doivent s'attacher à reconstruire ou renforcer l'estime de soi chez l'enfant. Pour cela, il convient de veiller :
- à bien dire que l'enfance n'est pas l'âge de la perfection, que celle-ci d'ailleurs n'existe pas, qu'adultes, et qui plus est, enfants, ont des points forts et des points faibles ;
- à ne pas porter jugement sur sa personne, son caractère, mais éventuellement sur ses actes ou ses propos si nécessaire ;
- à bien distinguer l'enfant de l'élève, et ne pas centrer exclusivement les propos sur la scolarité. Bien au contraire, on s'attachera, notamment dans les moments forts de la vie familiale, à ne pas parler de scolarité mais à partager d'autres centres d'intérêts, d'autres domaines privilégiés de l'enfance (le jeu, le rêve...) ;
- à toujours valoriser les réussites de l'enfant, quelles qu'elles soient, dussent-elles être minimes.

À partir de là, c'est toute une stratégie qui est à mettre en place pour réconcilier l'enfant avec lui-même. On définira avec lui des objectifs à atteindre, tant dans sa scolarité que dans la vie, en veillant à ce qu'ils soient réalistes et à sa portée. Ainsi, ils pourront l'inscrire dans une spirale de réussite à même de l'aider à reconstruire son image de lui-même. Dans cette perspective, on montrera combien l'erreur, voire l'échec, ne sont pas rédhibitoires et n'affectent en rien la valeur des personnes, mais au contraire peuvent être sources de profit, d'amélioration de soi. On s'attachera à faire le bilan des atouts que possède l'enfant par le biais de ses capacités, et à lui confier des responsabilités en relation avec elles. Enfin, point important, on l'aidera à valoriser son image en le conduisant à prendre soin de lui, tant sur le plan de l'hygiène que de l'habillement, tout cela pour l'amener à s'accepter physiquement. C'est très important lorsqu'on sait que, très souvent, l'enfant précoce a une image dévalorisée de son physique, ce qui contribue beaucoup à déteindre sur celle qu'il a de lui-même. On ne perdra pas de vue que pour sortir de la dépréciation de soi il est important :

- d'imaginer, de créer ;
- d'agir : l'action est une prise de conscience, révélatrice de soi ;
- d'accepter l'échec ;
- de s'ouvrir au monde par la culture.

■ *Répondre à la démotivation*

La démotivation se caractérise par une absence de pathologie lourde et des capacités intellectuelles intactes, qui conduisent cependant à des résultats scolaires incohérents et des attitudes spécifiques. Ainsi, l'enfant passe de l'anxiété à la dévalorisation, à l'intolérance aux frustrations, en même temps qu'il se déresponsabilise, en renvoyant les causes de la situation sur des facteurs extérieurs à lui. Il n'a plus d'objectifs liés à sa scolarité ou à ses loisirs, gère ses activités de manière anarchique. Tout cela entraîne, de la part des adultes, des attitudes contradictoires alternant récompenses et punitions. Cela ne résout en rien la question et engendre un climat relationnel négatif. L'important est, avant tout, de dédramatiser la situation : la démotivation provient d'un manque d'harmonie entre les centres d'intérêt et les activités d'apprentissages et de loisir. Il s'agit en fait de repérer les attitudes démotivantes qui marquent l'enfant et qui ne dépendent pas, en premier lieu, des situations proposées elles-mêmes , mais bien des attentes et des croyances, des pensées qu'elles suscitent de sa part. Observer l'enfant, l'écouter peut mettre en exergue les décalages. On relèvera souvent que ce qui est proposé ne s'inscrit pas dans une perspective qui relie le présent à l'avenir, l'intériorité de l'enfant à son extériorité, et que cela ne présente pas d'obstacles suffisants pour permettre à des besoins nouveaux d'émerger. L'enfant précoce a toujours besoin d'être en perspective de quelque chose, car donner du sens à tout ce qu'il fait est pour lui nécessaire. Remotiver un enfant, c'est lui proposer des cadres, une gestion de son temps, des repères pour que la réalité lui montre sa valeur. On l'aidera à s'accommoder aux contextes qu'il appréhende en fixant avec lui des objectifs et des exigences progressifs. Il faut savoir que le maternage ne fait qu'accroître le sentiment de non-valeur : pour être motivé, il faut que ce que l'on fasse soit inscrit dans le principe de réalité où le défi et la frustration sont des mécanismes fondamentaux.

■ *Travailler la mémoire et accompagner l'apprentissage*

La mémoire reste l'outil qui permettra à l'enfant précoce de rattraper un éventuel retard scolaire. Alain Lieury[1] insiste sur un postulat d'importance qui doit faire réfléchir parents et enseignants : on retient mieux les choses qui nous plaisent et qui sont liées à des émotions. D'où la nécessité de transmettre un apprentissage dans un climat de gentillesse et de bienveillance.

Si le cerveau, support de la mémoire, nécessite une alimentation riche en protéines et un apport en vitamines, notamment B1, la mémoire, elle, ne peut se limiter à des données neurophysiologiques. Si le stress est son ennemi juré, il faut savoir que les mémoires sensorielles (visuelle, auditive...) ne constituent pas l'essentiel de la mémoire qui sert à l'école. C'est dans ce cas la mémoire dite sémantique, liée aux idées, qui reste la plus performante. Autrement dit, mieux vaut apprendre à l'enfant à enregistrer du sens que des mots. Chez l'enfant précoce, cela ne pose généralement pas de problèmes,

1. A. Lieury, *La Mémoire de l'élève en 50 questions,* Dunod, 1998.

contrairement à ses pairs qui, eux, ne parviennent pas encore à conceptualiser et qui doivent encore travailler la mémoire lexicale, notamment par l'apprentissage de mots clés. On sait également qu'on apprend mieux en lisant qu'en écoutant, et que l'on retient mieux ce que l'on comprend que ce que l'on apprend par cœur. À cet égard, la lecture est trois fois plus efficace que la télévision par exemple, pour permettre d'intégrer des connaissances. La lecture est en effet en elle-même un mode d'enregistrement autorégulé. La répétition reste, certes, le mode le plus sûr pour fixer l'information, car elle est une loi fondamentale de la connexion des cellules nerveuses. Elle doit être liée à la subvocalisation (pratique de la lecture à haute voix) qui facilite la compréhension. L'image mentale, qui n'est pas une photographie mais une construction propre à chaque individu pour se représenter telle ou telle chose, facilite le travail de la mémoire, en opérant une forme de codage. Enfin, la mémorisation n'est possible que si l'on a bien conscience de son utilité par la suite.

Il est important pour les adultes de se pencher sur la manière dont les enfants procèdent pour intégrer les connaissances. Cela aidera l'enfant précoce qui saute ces étapes, et se voit ainsi démuni de toute stratégie dans la construction de son savoir. Ce manque deviendra rapidement la source de sa difficulté scolaire. Le cerveau fonctionne comme un ordinateur : il enregistre d'abord des données par la perception et les code ensuite en fonction d'un projet déterminé. Celui-ci conditionnera l'appareil psychique : ce peut être la simple évocation de l'information, sa conservation pour l'avenir, ou encore sa compréhension. Rappelant qu'il y a cinq gestes mentaux fondamentaux (l'attention, la mémorisation, la compréhension, la réflexion et l'imagination créatrice), Antoine de La Garanderie[1] souligne que l'acte d'évoquer se trouve à leur base. Évoquer, c'est intégrer, s'approprier, faire entrer en soi. C'est se mettre en tête une

1. A. de La Garanderie, *Réussir, ça s'apprend*, Bayard Éd./Le Centurion, 1994.

image des choses qui, ainsi, favorisera toute la vie mentale et, par ce biais, l'ensemble des apprentissages. En laissant à un enfant le temps d'évoquer, et en lui donnant une consigne pour le faire (« essaie de voir ou d'entendre dans ta tête ce qui t'a été présenté ou dit... »), on facilitera sa capacité d'attention. En effet, celui-ci va pouvoir se représenter mentalement ce à quoi il doit faire attention, et cette dernière faculté ne « tournera pas à vide ». En évoquant, l'enfant pourra également mettre en relation des images, ce qui facilitera l'acte de réflexion. Il est facilement concevable de voir combien il est plus efficient pour se souvenir de faire ressurgir des images, qu'elles soient visuelles ou auditives, que de vagues références dénuées de sens.

Dans la mesure où comprendre, c'est pouvoir expliquer ou pouvoir appliquer, la production d'images en elle-même ainsi que leur confrontation à la réalité, qui permet de saisir du sens, sera d'un grand secours.

On distingue trois types d'habitudes évocatrices : l'une est visuelle (le sujet voit les choses), une autre est auditive (il intègre plus facilement des propos, des sons), et la troisième enfin est de type verbal (il répète en lui-même ce qu'il a entendu et décrit avec des mots ce qu'il a vu).

Les évocations peuvent puiser leurs références dans de multiples domaines : celui du quotidien, celui de la logique, du raisonnement, dans celui des automatismes (tout ce que l'on sait par cœur une fois pour toutes), et encore, dans le domaine de l'imagination.

La prépondérance de l'un de ces domaines, tout comme la prédilection pour l'une de ces habitudes évocatrices, diffère chez chaque enfant. S'il n'y a pas d'explications causales à ce phénomène, sa détermination relève de l'observation des habitudes de l'enfant, et, surtout, du dialogue que l'on mènera avec lui pour lui faire dire comment il peut procéder pour retenir.

Des éléments capitaux entrent en ligne de compte dans les apprentissages car ils sont des outils permettant l'acquisition des contenus et des démarches.

• ***L'attention*** : elle n'est pas innée, mais se veut une attitude. La psychologie montre que deux écueils la rendent difficile : les préoccupations de l'esprit qui interfèrent avec l'objet sur lequel on porte son attention, et également la volonté d'être attentif, qui la détourne à son profit. Aussi est-il inutile d'exiger de l'enfant d'être attentif. Deux axes sont à privilégier :
- la concentration, d'une part, par le biais de la relaxation et celui de l'équilibre psychique, et, de l'autre, grâce à des exercices spécifiques ;
- la finalisation de l'attention : l'enfant sera attentif s'il a envie de connaître ce qu'on lui propose, s'il sait à quoi cela va lui servir et si on lui soumet une tâche de reformulation.

• ***La réflexion*** : il s'agit d'abord de transformer une chose réelle en quelque chose d'abstrait, idée ou image mentale, puis d'associer de telles virtualités dans un but donné, généralement l'action ou la création. Réfléchir, c'est organiser pour un futur donné. Pour que l'enfant soit amené à l'effectuer, sa démarche doit d'abord partir du concret pour aboutir à une nécessité d'agir. Pour réfléchir, il doit également :
- pouvoir se créer des images mentales des objets, mais aussi des mots, des phrases qu'il entend, des symboles, des croquis qu'il rencontre, autrement dit, se représenter ces éléments et leurs conséquences… ;
- verbaliser ce qu'il fait, voit et projette. Le rôle du langage est ici essentiel.

• ***Les sens*** : on n'apprend pas qu'avec la tête. Nos sens sont les antennes qui nous relient au monde et par lesquels transitent les savoirs. Le système sensoriel, au même titre que la motricité, est le fondement du développement de la pensée. Il s'agit de stimuler en permanence la vue, le toucher, le goût, l'odorat, l'ouïe, en multipliant les expériences de l'enfant dans ce domaine.

• ***L'intelligence*** : Nous avons vu qu'il n'existe pas qu'une seule forme d'intelligence. Le rôle de l'éducateur est donc de repérer ces différentes formes chez l'enfant, de valoriser celles qui sont marquantes et qui déterminent son profil intellectuel, tout en l'aidant à développer les autres.

L'intelligence se développe par le biais de trois mécanismes que l'adulte peut favoriser :

✓ La planification et l'anticipation. Cette technique vise d'abord à se donner une idée du but à atteindre et des résultats escomptés, ainsi qu'à se préparer devant une activité ou une situation à vivre, en tentant d'en cerner toutes les composantes. On prévoit ce dont on aura besoin, la manière dont on va répondre, réagir… On anticipe sur les résultats escomptés. On habituera l'enfant, avant toute entreprise ou prévision d'une situation à vivre, à se poser les questions suivantes et à tenter d'y répondre :

- qu'est ce que je veux réussir à faire, à dire ?
- quelles sont les choses à faire pour cela ?
- de quoi ai-je besoin pour le faire ?
- quels sont les risques, quelles sont les erreurs à ne pas faire, à quoi dois-je prêter attention ?

✓ La reformulation : il ne faut pas laisser l'enfant au stade de l'approximation ou de la confusion lorsqu'il exprime quelque chose. Il faut l'amener à expliquer à nouveau sa pensée jusqu'à ce qu'il trouve une expression plus juste.

À partir de là, l'adulte devra aider l'enfant à construire les différents projets permettant d'intégrer les apprentissages :

- le projet d'attention, se donner des images mentales de ce que l'on perçoit ;
- le projet de réflexion, il consiste à comprendre, à sélectionner les informations importantes et les codes ;
- le projet de mémorisation, il met en œuvre une stratégie pour conserver l'information ;
- et enfin le projet d'imagination, qui vise à entrevoir l'utilisation que l'on pourra faire de la connaissance afin de la réinvestir et de l'élargir.

La gestion mentale est importante. Elle permet à l'enfant précoce d'entrer dans un processus d'apprentissage qui constituera un itinéraire, puis une démarche personnalisée, qui le rendra conscient du sens et de la nécessité méthodologique. Il sera alors plus facile pour les adultes de proposer et d'exiger des méthodes de travail, que celles-ci soient relatives à l'organisation générale du travail scolaire, à la structuration des tâches, inhérentes à l'acquisition d'un savoir-faire, ou encore conventionnellement formelles (lisibilité de l'écriture, soin…).

CHAPITRE 6

Comment repérer un enfant précoce ?

Les signes de la précocité

Si l'on rencontre statistiquement davantage d'enfants précoces dans les rangs des garçons que des filles, chez les aînés d'une famille, et s'il n'existe pas de critères physiques marquants, c'est essentiellement par le comportement que vont pouvoir être déterminés les signes de la précocité. Bien souvent pourtant, l'enfant précoce, conscient de sa différence et en souffrant, met en place ce que l'on peut appeler des *stratégies de conformité*. Celles-ci sont caractérisées par une recherche d'harmonie dans sa personnalité et dans ses relations aux autres, ce qui, paradoxalement, le rend réticent vis-à-vis de l'expression de son intelligence et de ses idées qu'il pressent être à l'origine de ses difficultés. Ce facteur en fait également un enfant qui ne recherche pas la compétition en elle-même avec les autres. Ce sont autant d'éléments trompeurs qui ne correspondent pas à l'image d'un enfant doué, dont le profil peut aller de celui de l'enfant agité, dont le comportement traduit, à l'intention de l'adulte, ce qu'il ne peut formuler, jusqu'à celui de l'enfant replié sur lui-même. Notons, par ailleurs, que le caractère et la personnalité influent également sur la manière de vivre la situation de précocité.

Des explorateurs de leur environnement

On constate que, dès le plus jeune âge, les enfants précoces se montrent *très actifs, très ouverts aux stimulations sensorielles et curieux de tout.* Ils sont, en ce sens, bien ancrés dans le présent et vivent les choses avec intensité, comme s'ils étaient marqués par le besoin d'arrêter le temps... Si l'on peut dire que les garçons sont davantage ouverts à tout ce qui touche aux domaines mécaniques, scientifiques et relatifs à l'abstraction, et que les filles sont plus attirées par ceux de l'expression — via le langage ou l'activité artistique (encore faut-il distinguer ici la part de l'influence culturelle) — les enfants intellectuellement précoces sont tous, bien plus que les autres, des explorateurs de leur environnement. Le repos n'est pas leur apanage, et on a même pu établir qu'ils dormaient quantitativement moins que les autres. Ils sont toujours en quête de quelque chose, rêvent souvent, et semblent bien éloignés des contingences matérielles, d'où des problèmes d'ordre, de rangement et de soin.

L'habileté linguistique

On relève généralement une avance dans la maîtrise du langage. Même si ce n'est pas ici une règle générale, il a par contre été constaté qu'une fois acquis, celui-ci se montrait très rapidement chez eux d'une qualité peu commune, avec un vocabulaire riche et des constructions de phrases élaborées. Le langage est alors très usité pour la recherche d'informations auprès de l'adulte, et si celui-ci se montre réceptif à la demande, non seulement ce langage se développera plus encore, mais l'intelligence se mobilisera davantage, puisqu'elle est sollicitée, et ainsi le potentiel de l'enfant croîtra encore. Il a ainsi accès très tôt à la conversation et devient un habile raisonneur en même temps qu'un redoutable négociateur. Il discute et conteste non pas pour la forme seule, mais aussi parce qu'il cherche à se construire des repères, ce que les adultes ne saisissent pas toujours. Ces derniers considèrent ainsi l'habileté linguistique comme une simple aptitude à les remettre en cause ou à les provoquer, quand s'y joint, au travers de l'humour qui reste une autre caractéristique, un usage fréquent de jeux de mots. Mais il ne faut pas oublier que, plus qu'ailleurs, l'humour reste ici un moyen de prendre de la distance par rapport au réel, pour se protéger de ses propres émotions ou pour séduire.

Si les enfants intellectuellement précoces se caractérisent aussi par une bonne mémoire, c'est essentiellement dû à leur mode de fonctionnement pour explorer le monde : ils se montrent observateurs, manipulent, imitent les adultes, construisent des raisonnements pour expliquer, en ayant parfois recours à l'imagination. Bref, ils savent gérer mentalement ce qu'ils perçoivent.

L'inadaptation scolaire

L'un des facteurs d'identification demeure, pour beaucoup d'entre eux, leur inadaptation scolaire. Celle-ci se traduit avant tout par des problèmes comportementaux qui concernent les types d'élèves les plus divers, allant du pitre à l'agressif, en passant par l'hyperactif. Dans leur travail scolaire, ces enfants peuvent se montrer sans performances, au-delà de centres d'intérêts et de champs disciplinaires particuliers, où ils font preuve de capacités sans pour autant réussir. Cela, dans la mesure où il existe globalement un réel décalage entre les modes d'apprentissages et le système d'enseignement, d'évaluation et d'encouragement.

Sur le plan intellectuel, on peut relever *des différences entre filles et garçons*, qui ne sont pas d'ordre génétique mais essentiellement culturel. Les stéréotypes homme/femme conduisent ainsi les filles à une réelle autocensure, également nourrie par leur désir de conformité. Le facteur « personnalité » joue bien sûr un rôle ici aussi. Les garçons, en général, se montrent plus introvertis, avec des capacités analytiques, un esprit théorique et pratique plus marqué. Ils sont donc plus rationnels que les filles, qui, elles, se veulent plus intuitives et plus ouvertes aux relations interpersonnelles. Elles redoutent davantage la compétition et montrent moins de motivation pour la performance. Par contre, sur le plan de la précocité, filles et garçons font preuve d'une même curiosité intellectuelle et d'une capacité de réflexion identique.

On remarque par contre, qu'à la différence des autres enfants, les centres d'intérêt des précoces dépassent les domaines généralement assignés par les identités sexuelles, et cela dès la phase des jeux de rôles où l'on constate que les garçons aiment bien s'adonner à des activités ludiques dites « féminines », et inversement.

■ *Le manque de confiance en soi et la démotivation*

L'élève précoce se caractérise aussi par son manque de confiance en soi qui entraîne un réel sentiment d'infériorité, son incapacité à persévérer dans une tâche. La motivation lui fait parfois défaut car apprendre, c'est se projeter, et, très souvent perturbé par des problèmes d'identité, parfois par des conflits familiaux, et s'ennuyant pour beaucoup, il ne découvre pas le sens de ce qu'on lui propose et donc celui de son avenir.

Comment déceler ces comportements ?

Certains signes peuvent attirer l'attention des adultes et conduire à mettre en place une observation.

Parmi ceux-ci, notons :

- un besoin de sommeil généralement inférieur à celui des autres enfants ;
- l'enfant accède souvent au langage avant deux ans ;
- il dégage rapidement une « impression » de différence en se montrant hypersensible, créatif et surtout curieux de tout ;
- il semble s'ennuyer à l'école, et cela dès la maternelle, où son questionnement et ses centres d'intérêt apparaissent déjà en décalage par rapport à ceux des autres enfants ;

- il apprend à lire très tôt (ce peut être dès la moyenne section de maternelle), et accède souvent sans aide à l'écrit à la grande surprise des adultes. 51 % des enfants précoces ont ainsi appris à lire avant le C.P. ;
- il est très souvent à l'écart des autres enfants et rechigne à participer aux activités collectives ;
- il déstabilise rapidement les adultes par son sens de l'humour ;
- un décalage important apparaît entre ses centres d'intérêt, où il brille, et la médiocrité de ses performances scolaires ;
- il se montre mal à l'aise dans son corps, faisant preuve de beaucoup de maladresse et de gaucherie.

À l'école, plus précisément, on repère les données suivantes :
- ne finit jamais les travaux car se montre lent dans la mise en route et l'exécution ;
- n'est pas soigneux dans la présentation de son travail, l'écriture ;
- n'a aucune méthode de travail ;
- n'écoute pas le cours ;
- se précipite sur la tâche sans tenir compte des consignes ;
- fait preuve d'une attention labile et semble s'ennuyer ;
- travaille plus vite que les autres ;
- veut aller au fond des sujets qui l'intéressent ;
- pose des questions qui ne sont pas de son âge ;
- se montre original dans ses réponses ;
- ne fréquente pas les enfants de son âge.

Pour aider familles et enseignants à une observation plus précise, nous proposons ci-dessous un tableau d'indicateurs comportementaux permettant d'identifier la précocité. Il est établi à partir des observations réalisées par Aaron Coriat[1] qui distingue, à juste titre sans doute, les enfants issus de milieux sociaux privilégiés défavorisés.

1. *op. cit.*

Enfants précoces issus d'un milieu privilégié :

- Fait preuve d'aisance, d'insouciance et de confiance en soi marquée.
- Est peu conformiste sans pour autant aller dans la provocation.
- S'engage ouvertement dans son travail où il fait preuve d'impatience.
- Possède un Moi fort et a tendance à vouloir dominer les autres.
- Se montre peu sensible aux tensions et perturbations extérieures à lui.
- Est très disposé à l'action où il sait prendre des risques.
- Montre beaucoup de plaisir à apprendre car il a une attitude ludique face aux apprentissages.
- Très ouvert et hardi sur le plan intellectuel, esprit éveillé il est toujours en attente d'apprendre des choses nouvelles.
- Sait se montrer vigilant et concentré sur sa tâche.

Enfants précoces issus d'un milieu défavorisé :

- Se montre d'un grand conformisme et a une tendance à se culpabiliser.
- Est marqué de peu de spontanéité, mais par contre d'une grande sensibilité émotionnelle.
- Se montre chaleureux dans sa relation aux autres et a un fort besoin de plaire. Sa socialisation est en cela facilitée car il apparaît aussi soucieux du rejet des autres.
- A une intelligence sociale développée qui en fait souvent un meneur.
- A un Surmoi fort structuré et a la crainte de l'échec et de déplaire aux adultes. Sait s'autodiscipliner.
- Se montre actif mais pas téméraire. Est très sérieux dans son travail, a le sens de l'effort mais se montre plus attaché à la réussite qu'au plaisir d'apprendre.
- Contrôle relativement bien son angoisse et ses émotions en général.
- A le sens pratique et se veut bien ancré dans la réalité. Il se montre soucieux de rapprocher le savoir et la théorie de la réalité.

Proposons encore en synthèse une grille de comportements établie à partir d'une observation réalisée par l'Association Française pour les Enfants Précoces :

- Pose beaucoup de questions, manifeste de la curiosité, veut savoir le pourquoi de tout.
- Cherche des réponses dans les livres et les médias.
- A appris à lire seul ou très rapidement.
- A un vocabulaire étendu et précis ainsi qu'une syntaxe très élaborée.
- Ne se concentre que sur ce qui l'intéresse à un moment précis.
- Très sensible.
- Ne prend pas en compte son entourage et les impératifs de la vie quotidienne lorsqu'il est occupé.
- Aime à inventer des solutions nouvelles.
- Rêveur, peu organisé, n'aime pas la répétition.
- Sens de l'humour très développé mais parfois incompréhensible pour ses camarades.
- Aime les jeux compliqués, la stratégie.
- Se passionne vite, mais change souvent de passion.
- S'enthousiasme pour l'idée, mais se démobilise dans l'exécution. Lit vite, mais écrit difficilement.
- Ne réussit pas à s'impliquer dans l'entraînement, l'exercice, le détail, ce qui doit être répété ou fait minutieusement.
- Réussit sans méthode, refuse toute démarche méthodologique.
- Facilement insoumis, refuse les contraintes.
- Lorsqu'il a compris quelque chose, il cherche immédiatement autre chose.
- A du mal à avoir des amis de son âge.
- Peut souffrir de ne pas être comme ceux de son âge.
- Manque de confiance en lui s'il n'est pas reconnu.
- Échoue souvent aux jeux d'adresse.

DEUXIÈME PARTIE

Un projet autour de l'enfant précoce

CHAPITRE 7

Les données du projet

L'école, nous l'avons vu, se doit d'être attentive aux difficultés de l'enfant précoce, qui sont avant tout le symptôme d'un malaise intérieur. Il est important que parents et enseignants travaillent ensemble pour résoudre les problèmes pouvant survenir dans sa scolarité, dans la mesure où ils sont tous concernés.

Éduquer n'est pas chose facile. Tous les adultes commettent des erreurs. L'essentiel restera toujours d'éviter celles qui affecteraient le plus l'enfant, au point de compromettre son équilibre psychologique, indispensable à sa réussite scolaire. Plus qu'un autre, l'enfant précoce a besoin de se sentir soutenu afin de pouvoir structurer, organiser ses connaissances. D'où la nécessité d'agir ensemble dans le cadre d'un projet d'action. Celui-ci doit se fonder sur la prise en compte des spécificités apportées par la précocité.

Rappelons tout d'abord que vouloir apprendre suppose :

- vouloir grandir, devenir adulte ;
- avoir confiance en soi ;
- ressentir des besoins, des manques au niveau de ses compétences ;
- être stimulé par un environnement attirant, qui conduit à se poser des questions ;
- être encouragé dans sa curiosité ;
- être autonome ;
- avoir droit à l'erreur et savoir où trouver de l'aide ;
- agir, et non subir ;
- savoir ce que les adultes et le système attendent ;
- mesurer les progrès accomplis ;

- avoir une image positive du travail, de l'activité professionnelle ;
- avoir un modèle d'identification ;
- avoir un projet de vie.

Nous pouvons tirer de toutes ces données les conclusions suivantes :
- nous ne sommes pas les seuls à savoir. Nos enfants ont moins d'expérience que nous, certes, mais d'autres savoirs, d'autres approches des choses, que nous devons reconnaître et prendre en compte ;
- toute démarche éducative qui engendre la dépendance n'incite pas à l'apprentissage, à la prise de responsabilités.

Le refus de travailler

Un enfant peut refuser de travailler pour, tout simplement, échouer, tant il ne pense mériter que l'échec parce qu'il a une mauvaise image de lui-même. Il veut se punir par la non-réussite pour répondre à un sentiment de culpabilité. Ou bien, il cherche à attirer sur lui l'attention des adultes car il s'estime mal aimé, car il y a en lui une souffrance qu'il voudrait voir identifier. S'il ne faut pas céder au chantage de l'enfant, il convient cependant de l'écouter. Cela est difficile car il ne peut exprimer clairement son malaise et en analyser les causes. Il vit une gêne d'ensemble dont il souhaite, inconsciemment, connaître les données.
Il s'agit donc de l'aider, d'autant plus que les raisons qu'il peut évoquer en cachent d'autres, plus profondes : peur d'être mal aimé, d'être rejeté par les parents qui trouveraient dans l'école un alibi pour se débarrasser de lui, crainte de l'échec liée à un manque de confiance en soi ou à un système punitif exagéré… Il importe aussi de prendre en compte l'aspect coercitif de la scolarisation qui, en fait, ne laisse pas beaucoup de choix à l'enfant. L'école contribue pour beaucoup à l'infantiliser encore trop. De plus, elle lui confirme son statut d'enfant qu'il cherche, par ailleurs, à fuir étant sûr de ses compétences, de ses initiatives.

Le projet doit essentiellement viser à répondre aux besoins exprimés par l'enfant précoce, notamment en matière de savoirs. Il ne doit pas céder, notamment pour des motifs de maturité qui ne sont en rien évidents, à la tentation de renvoyer sans cesse ses demandes à plus tard, le référant ainsi à un autre lui-même qu'il deviendra. Il est, par ailleurs, faux de croire que l'on parviendra à créer un équilibre psychique chez l'enfant en freinant son développement intellectuel. Il a besoin d'être placé dans son présent avec ses spécificités reconnues, à savoir la curiosité, l'attention sélective, la rêverie, la créativité, la dyssynchronie et sa sensibilité propre.

Parmi les plus marquantes d'entre elles, à intégrer donc en priorité dans la prise en charge éducative et pédagogique, rappelons ici encore *la peur de l'échec,* qui conduit souvent l'enfant précoce à refuser de s'investir dans une tâche pour ainsi s'en protéger. Elle est surtout manifeste quand la facilité d'apprendre n'est plus une réalité, et qu'il doit intégrer la notion d'effort. Il craint alors de ne plus réussir et abandonne, si on ne l'amène pas à découvrir ses potentiels et capacités.

Il est également important de prendre en compte la blessure narcissique que lui inflige toute *attitude de rejet*. Cette dernière le conduit à devoir faire le deuil de son pouvoir et de sa normalité, en l'entraînant dans un repli sur soi, à se réfugier dans le rêve et la pensée magique, pour finalement terminer dans le doute.

CHAPITRE 8

Le rôle de la famille

Créer un climat sécurisant et rassurant

Pour les parents, le fait d'élever un enfant précoce n'est pas une sinécure. Une fois la « révélation » faite, c'est un état de questionnement qu'ils vivent, et celui-ci dépasse rapidement le sentiment de fierté immédiat et bien compréhensible. On se sent soi-même valorisé dans la parentalité : le projet parental semblant « béni des dieux », sans compter l'impact produit, sur le plan narcissique, dans le rôle de géniteur, notamment chez le père. Par ailleurs, on se sent quelque peu rassuré dans la mesure où, dans l'approche immédiate, cela semble de bon augure pour l'enfant. Celui-ci a des atouts que d'autres n'ont pas, il réussira dans la mesure où l'intelligence s'affiche encore, dans les représentations collectives, comme un passeport assuré vers la réussite. Son intégration socioprofessionnelle et personnelle n'en sera que facilitée. Émergera le souci, commun à tout parent, de ne pas commettre d'erreur d'éducation risquant de compromettre cette « chance ». Et, c'est là que les interrogations se posent, et qu'émerge l'anxiété liée à un sentiment d'impuissance : la nature et le fond de la question à laquelle ils se trouvent confrontés leur échappent, ils ne peuvent entrevoir de solutions puisque leurs repères, notamment en matière de scolarité, sont mis à mal. Quand la situation de précocité a été identifiée, certes les choses s'éclairent. Pourtant, le vrai parcours du combattant débute à ce moment-là, quand il s'agit de faire accepter la différence de leur enfant dont ils ne tarderont pas à assumer la souffrance. Ils vont, eux aussi, se sentir profondément touchés et blessés par le rejet ou les difficultés rencontrées par leur enfant. Ils souffrent pour lui, avec une intense culpabilité de ne pouvoir l'aider.

Comment agir avec cet enfant « hors du commun », cet enfant que l'on pensait connaître, sur lequel on avait bâti des certitudes, et dont les tests viennent de révéler une nouvelle facette ?

■ *Quelques attitudes fondamentales*

■ *Construire une « image juste » de son enfant*

Une des premières règles est de *ne jamais apprécier ses capacités en dessous de leur réalité,* car l'enfant qui a une tendance naturelle à se conformer aux attentes parentales va ainsi construire une image de lui-même en décalage avec les besoins qu'il ressent, ce qui aggravera son malaise.

Il s'agit de *ne pas lui renvoyer une image « d'anormalité »* qui, elle, ne fera qu'amplifier son angoisse. On veillera sur ce plan à ne pas faire preuve d'anxiété, à ne pas rendre la situation pathologique en allant vers une surmédicalisation. Il est important d'informer l'enfant sur sa précocité. C'est pour lui, au-delà de la compréhension du phénomène, une forme de soulagement parce qu'il se sent reconnu et, surtout, parce qu'il a un élément d'explication à ses difficultés, tant scolaires qu'existentielles. Il vaut mieux qu'il apprenne cela par des mots que de le soupçonner au travers de l'attitude des autres. C'est pour lui rassurant. Mais il est bon de lui préciser que les consultations psychologiques ou autres, que les tests qu'il subit ne le classent pas dans la catégorie des malades, mais visent essentiellement à trouver *in fine* les meilleures solutions éducatives pour l'aider à bien apprendre et à progresser compte tenu de ses besoins. Il est important également de préciser que ce n'est pas lui qui est différent, qu'il est un enfant comme les autres, mais que ce sont ses besoins d'apprentissages qui sont particuliers.

Nous nous sommes penchés sur la question des mots dans notre recherche de définition. Elle est fondamentale, dans la mesure où *il n'est pas bon non plus de renvoyer à l'enfant une image de sujet surdoué*. Celle-ci, outre une accentuation sur une différence, une « a-normalité » difficilement concevable, dût-elle être par essence valorisante, le conduirait à percevoir des attentes particulières de la part de son entourage. Avec tout ce que cela comporte de crainte de ne pouvoir les satisfaire, au risque alors de perdre amour et considération.

- *Le protéger des dysfonctionnements familiaux*

Il est important aussi que l'enfant ne se sente pas l'objet de préoccupation de la part des adultes, encore moins cause de tracas, voire de conflits. Sa culpabilité est grande, nous l'avons vu, issue de la prise de conscience de sa particularité. Si entente et cohésion sont indispensables dans la relation entre les parents et les enseignants, le couple parental, ici peut-être plus qu'ailleurs, doit être guidé par le consensus et la cohérence dans la prise en charge de l'enfant. Nous avons relevé le sentiment d'insécurité qui touche beaucoup l'enfant précoce. Celui-ci, de ce fait, est très sensible aux dysfonctionnements familiaux. Il doit pouvoir les dépasser en identifiant sur ce plan un environnement stable et serein, où il est reconnu comme un enfant à part entière, avec les mêmes égards et les mêmes exigences que sa fratrie éventuelle. La psychologie du jeune enfant montre combien il a tendance, parce que son esprit est encore « magique », à se sentir responsable de tout ce qui survient dans son milieu, et, plus particulièrement, des conflits parentaux qu'il redoute. S'il perçoit une faille dans les relations parentales du fait de sa situation, ce mécanisme n'en sera qu'amplifié avec tout ce que cela générera de culpabilité aggravant son anxiété. Or, la prise en charge éducative d'un enfant précoce ne facilite pas l'équilibre du vécu parental et conjugal. Les parents sont très souvent confrontés à la même situation que rencontrent les parents d'enfants handicapés. Ils se sentent responsables de cela, voire coupables, interrogent leur histoire individuelle et commune, parfois même leurs sentiments. La précocité de l'enfant, avec tout ce qu'elle réveille d'angoisse en eux, devient le prétexte à une remise en cause de du lien conjugal, des individus eux-mêmes. Cela ne peut avoir qu'un retentissement négatif sur l'équilibre de l'enfant.

Certes, un couple se renforce aussi par le conflit et celui-ci ne peut être évité. Conseillons alors aux parents d'en parler à l'enfant de manière à le banaliser ; de montrer que rien n'est remis en cause et, surtout, qu'il n'en est pas l'objet, que ce sont leurs problèmes personnels qu'ils gèrent à travers lui. Si la problématique est nourrie davantage par la situation même de l'enfant précoce, il est alors important que les échanges n'aient pas lieu devant lui.

De manière plus générale, l'action éducative parentale doit viser à soutenir l'enfant, et non à le pousser à des performances qui sont au-delà de ses capacités. La mère a un rôle fondamental à jouer pour atténuer l'angoisse qu'il peut vivre du fait de sa situation. Par un maternage qui ne doit pas se transformer en surprotection affective, elle va tempérer la nocivité des « mauvais objets » que l'enfant pourra rencontrer dans son quotidien, et ainsi le sécuriser. L'équilibre affectif au sein de la famille va lui permettre d'avoir des relations saines, tant avec lui-même qu'avec les autres, car il ne les percevra pas comme source de dangers. Cela s'explique par le fait que les relations à autrui sont intrinsèquement liées à l'élaboration des liens premiers avec les proches. C'est d'autant plus important que l'enfant précoce, nous l'avons vu, rencontre généralement des difficultés de socialisation.

Écouter ses peurs et sa souffrance

L'angoisse peut être constante chez l'enfant précoce. Il rencontrera aussi des vécus qui risquent d'insinuer la peur en lui, liée à des situations de vie quotidienne. Analysons-en ici quelques-unes, parmi les plus fréquentes.

■ *L'enfant a peur de décevoir ses parents*

Il vit parfois un sentiment de mal-être qui le pousse à se détacher de tout. Il ne paraît pas heureux et se veut d'humeur sombre. Il « en a marre ». Cette attitude touche souvent l'anxiété des parents et apparaît comme de la provocation. En fait, elle cache un sentiment profond de déception lié au fait qu'il pense ne pas répondre à leurs attentes. Il aimerait bien les satisfaire, sur le plan scolaire notamment, mais... Il faut l'entourer de paroles et d'attentions, lui montrer qu'on dissocie l'élève de l'enfant qu'il est, et que ce dernier est toujours aimé quelle que soit sa scolarité.

■ *L'enfant a peur de son « anormalité »*

Il se sent différent des autres. Il songe à une maladie. Il est important de lui donner toutes les explication sur sa personnalité afin de l'amener à accepter sa précocité ainsi qu'à en mesurer les effets, qu'ils soient positifs ou négatifs. Un psychologue peut être une aide précieuse. Par ailleurs, on ne se moquera pas de son inquiétude relative à sa santé. Là aussi, on s'attachera à toujours le rassurer.

■ *L'enfant a peur de son enseignant*

La peur d'un enseignant repose souvent sur une incompréhension. Elle peut, plus rarement, révéler un problème psychologique. Mais elle peut très bien se présenter tout au long de la scolarité, si l'émotivité de l'enfant rend difficile l'acceptation d'attitudes « particulières », de conflits qui sont tout à fait normaux en eux-mêmes, à condition de les comprendre et de les maîtriser.

Aussi, dès lors que des attitudes de peur apparaissent, la démarche suivante s'impose :

- Faites parler votre enfant de ce qui l'angoisse : les cris, l'allure sévère, les sanctions, les exigences, l'incompréhension... Parfois le simple fait d'avoir une « tribune libre » et de pouvoir dire ses craintes, le libère. Mais veillez à ne pas juger l'enseignant. Écoutez et posez des questions, sans plus.

• Apportez ensuite des explications objectives. La sévérité alliée à la justice est un gage de sécurité pour lui, la sanction ne concerne qu'un comportement, l'enseignant ne sait rien de la précocité...

• Si, malgré un dialogue avec l'enfant, la crainte d'un enseignant persiste, il ne faut pas hésiter à prendre contact avec celui-ci.

L'enfant a peur d'un camarade

L'école est le règne des amis, des ennemis. C'est là que se fondent les premières relations sociales vraies, que l'enfant se trouvera confronté à la dynamique d'un groupe, qu'il se positionnera comme sujet isolé et libre, et qu'il construira ses relations aux autres.

L'enfant précoce vit une situation qui est parfois difficile. Du fait de sa différence, il peut devenir la « victime » d'un autre ou d'un groupe d'enfants. Sachez que plus un enfant est craintif, plus il se dévalorise aux yeux des autres, plus il est la cible d'agressions. Par ailleurs, un écolier qui fait partie d'une « bande », qui a une vie sociale dans l'école, attirera moins l'attention de ceux qui cherchent un faire-valoir. Le sujet isolé, celui qui se désolidarise de ses camarades, est une victime de choix.

Expliquez à votre enfant qu'il n'est pas responsable de cet état de fait :

- que ce n'est pas sa faute s'il est agressé ; que le problème se trouve chez l'autre ;
- expliquez-lui les raisons possibles : l'autre est jaloux parce qu'il réussit moins bien à l'école...
- assurez votre enfant de votre aide, voyez avec lui l'opportunité d'en parler à l'enseignant ;
- envisagez avec lui des stratégies de défense en cas d'agression : aller chez les enseignants, aller sous la protection de plus grands ;
- évitez d'intervenir auprès de l'enfant agresseur et de ses parents. Cela pourrait compliquer les choses. Laissez les enseignants faire cela.

FACE À LA VIOLENCE

Quelques principes guideront ces situations. Un enfant doit apprendre que les problèmes doivent être réglés par la discussion et l'intelligence, et non par les coups. Aussi ne faut-il pas répondre à la violence par la violence, et les adultes ne doivent pas encourager ce processus qui accélère la montée de l'agressivité. Si la menace est grande, il faut conseiller à l'enfant de céder ou de s'enfuir, si cela est possible, pour trouver de l'aide auprès d'adultes, notamment ceux qui représentent l'autorité à l'école. Ce n'est pas de la lâcheté. Bien au contraire, c'est montrer aux agresseurs que l'on n'est pas « paralysé » par leur présence. Pour cela, on peut entraîner l'enfant à se représenter des situations d'agression, à les imaginer et analyser avec lui les réactions possibles. Ainsi, en cas de menace réelle, il saura maîtriser ses émotions et trouver l'attitude adéquate. L'essentiel est de dire à l'enfant qu'il doit dénoncer la violence qu'il subit ou à laquelle il assiste, car les spécialistes sont tous d'accord là-dessus, la loi du silence rompue empêche les récidives. Il est même conseillé, en cas d'agression grave ou répétée, de porter plainte ou de faire une inscription sur main courante auprès des services de police, et cela en présence de l'enfant. C'est un acte symbolique qui lui permettra de mettre des mots sur ce qu'il a vécu et de le sécuriser.

De manière générale, face à toutes ses inquiétudes, il convient d'adopter les attitudes suivantes :

• Quelle que soit la cause des peurs de votre enfant, dédramatisez la situation en lui montrant qu'il est tout à fait normal d'éprouver ces sentiments, d'avoir des difficultés. Pour étayer votre propos, tout en reconnaissant que cela ne l'aidera pas dans la résolution de son problème, puisez des exemples dans l'expérience de la fratrie, dans la vôtre même, ou encore dans celle de l'enfant lui-même qui a pu, dans des contextes différents, vivre une peur similaire.

• Assurez votre enfant du fait que, face à ses problèmes, il n'est pas tout seul : vous êtes là pour l'écouter et le soutenir. Qu'il sache aussi que ses enseignants, des camarades, peuvent lui venir en aide.

• Ne brusquez pas votre enfant, ne le forcez pas à parler, ne montrez pas votre préoccupation face à la situation dans laquelle il est. Dites-lui que vous êtes disposés à l'écouter dès qu'il souhaitera aborder ses difficultés. Sachez que le temps est nécessaire pour résoudre un blocage, mais relancez-le discrètement de temps à autre, en lui demandant, sans insistance et sans appréhension mais avec des signes d'affection, des nouvelles de l'école ou du collège.

Construire une relation positive autour du travail scolaire

À partir de ce que nous savons de la scolarité de l'enfant précoce en général, comment la fonction parentale se définit-elle dans le cadre du suivi scolaire ?

Il importe de garder une certaine distance par rapport à la scolarité et à la vie de l'école, ce qui, bien entendu, ne veut pas dire faire preuve d'indifférence. Le rôle de l'adulte est, avant tout, d'être une présence. L'enfant a besoin d'être approuvé, valorisé. Il veut avoir un appui, sentir qu'il est soutenu pour aller plus loin. Le dialogue autour du travail scolaire est ici nécessaire. Cet esprit d'échange ne pourra s'effectuer que si le parent évite d'enfermer l'enfant dans une relation de suspicion et de contrôle.

■ *La bonne distance à tenir*

La communication reste primordiale avec l'écolier et ne doit pas ressembler à un interrogatoire : elle se traduit d'abord par une attitude, celle d'être disponible à son retour de classe, de sentir ses inquiétudes liées à la crainte de ne pas être à la hauteur, de comprendre ce que l'école attend de lui, et, enfin, par le fait de dédramatiser par un sourire ou une main sur l'épaule, pas forcément par le biais de la parole. Communiquer avec l'enfant, c'est respecter son silence mais montrer l'intérêt qu'on lui porte. On conduira le petit à verbaliser ses problèmes alors qu'on l'informera de ses propres activités d'adulte qui, elles aussi, sont faites de satisfactions, d'erreurs et de difficultés. Trop souvent l'enfant pense qu'il n'y a que lui qui vit des moments de doutes et d'incapacité.

Reprocher à l'enfant de ne pas réussir à l'école, sous prétexte qu'il crée de ce fait des soucis et qu'il se montre ingrat, est une erreur. Il faut éviter les chantages affectifs ou la comparaison avec frère ou sœur, qui déclencheraient un mécanisme de culpabilisation néfaste à l'équilibre.

Face aux résultats scolaires, la conduite à tenir est simple : féliciter l'enfant pour les résultats positifs, essayer de voir avec lui l'origine de ceux qui sont négatifs, sans pour autant relever la note ou l'appréciation fâcheuse éventuelle. L'adulte n'aura de crédit et n'alimentera une dynamique psychoaffective favorable au travail que s'il se montre sensible au moindre progrès, heureux de cela, et qu'il communique sa joie et sa confiance à l'enfant. Ce progrès, il ne le percevra que s'il porte un regard sain sur les résultats, et cela bien au-delà des notes qui ne disent pas tout, ou qui ne signifient pas grand-chose selon les cas. Ici, se pose la question de l'évaluation la plus profitable pour permettre à l'enfant concerné de progresser .

Évaluation et notation

L'évaluation remplace désormais la notation. Elle vise à repérer où se situe un élève par rapport à une compétence. A-t-il acquis celle-ci ou non ? Est-il en voie de l'intégrer ? Elle ouvre la porte à la « remédiation ». Mais, hélas, la note n'a pas disparu des écoles. Enseignants, et surtout parents, la revendiquent encore trop souvent. Or, la note est effectivement un anachronisme, surtout dans le domaine de la pédagogie. Elle renvoie à la notion de faute, alors que l'on devrait plutôt parler d'erreur, elle réfère à l'adulte qui doit être content ou non de l'enfant, alors qu'il s'agirait de savoir où l'élève se situe par rapport à lui-même et aux attentes des autres. Elle place l'adulte comme un juge qui sait et sanctionne, alors qu'avec l'enfant précoce, l'adulte n'est pas forcément en position de savoir. La relation pédagogique doit se construire davantage en termes de coopération.

La note renvoie au « monde de l'encre rouge », où les annotations rabaissent l'enfant à ses propres limites, sans l'amener à comprendre, alors qu'il devrait se servir de l'erreur pour apprendre.

Il faut lui expliquer qu'une note juge un devoir, et non un individu. Un travail peut à la rigueur être nul, mais jamais un enfant qui, lui, aura toujours des qualités. Une mauvaise note est déjà une sanction en elle-même, une dévalorisation vécue par rapport au maître, aux camarades surtout. Inutile, donc, d'y ajouter des punitions supplémentaires.

■ *Le suivi scolaire*

Les parents doivent se convaincre que leur enfant n'est pas en difficulté du fait d'apprentissages défaillants, mais à cause de l'impossibilité d'apprendre. Cela est tout différent. Aussi, ne s'agit-il pas de reconduire les situations scolaires, de les renforcer. Le rôle parental, n'est pas de se substituer au professeur, ni de faire de la pédagogie. Les parents doivent être, en matière de scolarité, le partenaire de leur enfant, un élément de référence vers lequel celui-ci se tourne spontanément et sans arrière-pensée, en sachant qu'il peut compter sur lui. Cette relation implique affection, estime, communication, mise en commun des projets, ainsi qu'une relation égalitaire et un respect mutuel. Elle fait d'eux :

• Un partenaire pratique qui propose son expérience, son idée en ce qui concerne — sur le plan scolaire — l'organisation du travail, la gestion du temps et l'utilisation des outils. Il aide à l'aménagement de l'environnement matériel du travail scolaire.

• Un maître. Ce terme est à entendre dans son acception historique . Celle-ci fait de l'enfant un compagnon, celui qui « partage le pain ».

Votre enfant signe son cahier du jour à votre place ?

C'est qu'il craint des représailles de votre part et parvient ainsi, à défaut d'éviter, à repousser la confrontation avec vous. Reste à savoir si cette tendance au mensonge ne concerne que l'école, ou bien se veut un trait de sa personnalité. Si tel est le cas, cela est bien plus grave, et cela traduit une rupture dans la relation parents-enfant. Celle-ci est due à un mode d'éducation répressif et faussé. Concernant la scolarité, l'enfant veut peut-être donner de soi une image qui satisfasse ses parents, par peur de perdre leur amour, ou tout simplement parce qu'il craint des sanctions. La honte de soi peut aussi expliquer ce mécanisme. On mesure combien une attitude répressive peut être négative face à un tel comportement. S'il ne faut pas ici se montrer tyrannique ou laxiste, on doit pouvoir dire clairement à l'enfant que son attitude est inadmissible, mais que l'on en a saisi le sens : elle exprime une peur. Il est alors nécessaire de lui expliquer qu'il peut rapporter des mauvaises notes et que celles-ci seront analysées avec lui, pour en rechercher les causes ; que c'est en fonction de celles-ci que l'adulte restera à ses côtés pour l'aider à progresser. Il faut éviter tout climat de suspicion, et convenir ensemble d'un moment de la semaine où l'on regardera systématiquement avec lui le cahier du jour et le carnet de notes. Ainsi, l'enfant prendra conscience qu'il ne peut échapper à une rencontre au sujet de son travail, rencontre qui s'attachera à le responsabiliser, à l'aider à assumer ses échecs comme ses réussites. Cela peut inclure éventuellement l'élaboration d'un contrat et de sanctions, qui seront définies dans son cadre, et seront donc plus facilement admises par l'enfant.

Ce maître lui propose des « trucs », des méthodes, lui apporte l'expérience, l'aide, dès lors qu'il ne peut affronter une situation avec la vision désordonnée qui le caractérise.

• Une autorité. Par son engagement dans le suivi de la scolarité, et, plus généralement, dans la vie, le parent est un élément de référence, le garant du système dans lequel l'enfant vit et sur lequel il va s'appuyer pour devenir. Dans le cadre d'une démarche avec un contrat, il peut incarner l'exigence à laquelle l'enfant ne peut échapper. Il est le témoin de son engagement, celui avec lequel il va pouvoir s'évaluer par le biais des notes, bulletins, appréciations et fixer, en cas de difficultés, les cadres d'un travail de renforcement.

• Un protecteur-initiateur. L'enfant, parce qu'il est précoce et parce qu'il avance dans l'adolescence, a besoin de comprendre les bouleversements qui caractérisent son existence scolaire et personnelle. Il est l'objet de grandes interrogations et a besoin de soutien pour chercher des réponses, se forger une idée des choses, se sécuriser. Il souhaite également entendre des mots rassurants dès lors qu'il doute. C'est un des rôles essentiels du parent qui devient refuge, sécurité et guide lors de ses premiers pas dans la vie d'adulte, sans négliger la part de responsabilités sociales et professionnelles, morales et autres que cela suppose.

Aider l'enfant à surmonter ses points faibles

La précocité engendre des conséquences sur l'ensemble de la personnalité de l'enfant. Dans certains domaines, ce sont des désavantages marqués qui en résultent. Explorons ici les principaux :

■ *Il est rêveur*

Cela peut expliquer beaucoup de problèmes d'inattention, d'oublis et, plus généralement, d'inadaptation sociale et scolaire. Cela n'est pas qu'il se construit un monde différent du réel. Il vit tout simplement un épisode de régression et se réfugie dans un temps de sa prime enfance où il n'avait à s'occuper de rien. En fait, il s'agit d'un enfant qui a du mal à s'assumer. Aussi, ne faut-il pas, dans un tel cas, prendre totalement sa vie en charge. Bien au contraire. Sans pour autant se désintéresser de son travail scolaire, de ses loisirs, il faut lui apprendre à se prendre en main. Pour cela, mieux vaut l'aider à vouloir grandir en le valorisant, en partageant avec lui des activités qui vont lui montrer un adulte heureux qui le reconnaît comme étant un futur pair. Il faut souligner ses réussites, l'encourager devant les difficultés, reconnaître son travail scolaire comme étant équivalent à celui des adultes... Il est également bon de lui apprendre à se séparer progressivement de ses parents, en l'associant à une vie sociale et de loisirs qui lui soit propre. Peu à peu, l'enfant acceptera le monde qui l'entoure et pourra y mesurer son rôle.

Il est lent

Encore faut-il savoir si cela est vrai dans toutes les circonstances de sa vie, ou bien dans certaines seulement, et dans le domaine scolaire en particulier. La lenteur, dans ce dernier cas, pourrait alors signifier une forme de rejet, d'angoisse par rapport à des difficultés éprouvées. L'enfant repousse ainsi des échéances parce qu'il ne se sent pas à la hauteur de ce qui lui est demandé, il veut échapper à une issue qui le préoccupe. Mais si l'enfant est également lent dans des domaines qui lui plaisent, c'est que telle est sa nature. Dans ce cas, rien ne sert de le houspiller, de le sanctionner. Un enfant précoce a aussi besoin de prendre le temps de faire les choses, et cela du fait de son immaturité psychomotrice. On ne doit pas confondre son rythme de vie avec le nôtre. Parfois aussi, la lenteur peut être une provocation pour retenir l'attention de l'adulte. Aussi, faut-il ne pas s'énerver devant un enfant lent, ne pas formuler de reproches, tout en fixant des cadres qu'il devra intégrer par lui-même. On doit davantage l'aider à gérer ainsi son temps tout seul, à en être responsable, quitte à assumer les conséquences de ces retards.

Il est toujours en retard

Dans le cas d'un enfant toujours en retard pour aller à l'école, on peut suspecter une manifestation de phobie scolaire : peur du maître, de camarades, de situations de classe... Tout cela doit faire l'objet d'un dialogue avec l'enfant. Si le retard se manifeste également dans d'autres situations de la vie, il faut alors l'aider à structurer son temps, à éviter de le perdre, en planifiant de manière très concrète sa vie. Mais, l'habitude du retard peut également trouver son origine dans la famille lorsque les adultes sont eux-mêmes incapables de respecter des échéances temporelles. Ici comme ailleurs, l'exemple est fondamental. Être en retard, c'est aussi un moyen d'attirer l'attention sur soi, de se faire remarquer, de vivre l'illusion d'être désiré. Il est facile d'expliquer à l'enfant qu'il y a d'autres moyens pour s'affirmer et il est peut-être bon d'insister sur le fait que la ponctualité est une manière de respecter les autres, comme on aimerait qu'il en soit pour nous-même.

Pour aider l'enfant à apprendre à gérer son temps, plusieurs outils sont indispensables :

✓ l'*emploi du temps de la classe* (à demander au maître) qu'il affichera près de son bureau ;

✓ *son emploi du temps personnel* ou agenda de la semaine. Ce peut être un calendrier où le petit consigne ses temps et projets d'activité : piscine, passage à la bibliothèque, cinéma, rendez-vous chez le dentiste ;

✓ *le cahier de texte*, généralement en vigueur dès le cycle 3, lui apprend à vivre la semaine de classe, à noter ses leçons, activités et échéances diverses. Les parents doivent le consulter et exiger sa bonne tenue ;

✓ on donnera à l'enfant l'habitude d'avoir toujours sur lui sa *montre* et un *petit calendrier de poche*.

■ *Il n'a pas d'ordre*

Certes, cela relève d'un travail éducatif quotidien. Pourtant, dans la mesure où il s'agit ici d'un comportement lié à un fonctionnement psychique particulier, il est peut-être inutile de harceler sans cesse l'enfant. Mieux vaut sans doute porter une attention particulière et exigeante sur deux situations où le désordre ne manque pas d'avoir des retentissements négatifs sur le travail scolaire, et d'attirer des ennuis à l'élève. Parce que l'enfant précoce a une fâcheuse tendance à l'oubli, focalisons-nous sur :

✓ *la préparation du sac.* Elle doit s'effectuer le soir, pour éviter la précipitation du matin et les risques d'oubli. Il est important d'habituer tout de suite l'élève à ne pas entasser ses affaires pêle-mêle dans son cartable : les outils de base doivent être rangés dans un compartiment ; les livres et les cahiers, groupés par matière ou par genre, selon le volume du sac... Souvent, les outils de base sont laissés à la maison, et leur absence gêne votre enfant dans son travail au collège. S'il doit utiliser le contenu de sa trousse pour faire ses devoirs, il est préférable qu'il la vérifie le soir. Quant aux affaires de sport ou de piscine, mieux vaut les placer à côté du sac préparé. Sinon, votre enfant a toutes les chances de les oublier !

✓ *Le cahier de textes.* On confond souvent le cahier de textes avec un cahier de brouillon. Ainsi, ce document qui devrait aider à gérer le travail scolaire, à responsabiliser l'élève, qui offre des repères dans la prise en compte du temps à long terme, devient un vrai piège. Cela est dû à plusieurs « négligences », auxquelles il faut être vigilant :

- l'écriture bâclée : elle est à l'origine de beaucoup d'erreurs dans l'inscription des numéros d'exercices, des pages de leçon ;
- les ratures et la surcharge sont sources d'erreurs ;
- la confusion sur le jour ;
- la confusion de termes : le collégien ne doit pas utiliser un mot pour un autre, comme par exemple, « apprendre », « étudier », « réviser », « faire un exercice », « préparer un exercice ». Il doit en connaître le sens précis ;
- l'oubli : le collégien ne consigne que les travaux des matières importantes. Ce dont il semble sûr de se rappeler, passe régulièrement à la trappe.

Mettre l'enfant en projet

Abordons maintenant l'un des points essentiels du cheminement de l'enfant vers l'autonomie : *le projet.*

Un projet est un ensemble d'actions que l'on conçoit à partir de ses aptitudes, de ses goûts, pour réaliser une tâche identifiée, acceptée, reconnue. Mettre sur pied un projet suppose les étapes suivantes :

1. l'analyse d'une situation vécue où l'on repère des manques, des besoins ;

2. la définition d'objectifs à atteindre pour combler ces manques ;

3. la mise en œuvre de moyens adaptés pour atteindre ces objectifs ;

4. une pause au cours de la mise en œuvre pour vérifier si l'on est sur la bonne route, pour parvenir au but, et s'il n'est pas nécessaire de rectifier le tir ;

5. une évaluation en fin de parcours, qui consiste à comparer les résultats de son action avec ce que l'on voulait réussir. Si l'on n'a pas atteint son objectif, on essaie alors de savoir pourquoi, et l'on recommence en prenant en compte les enseignements tirés.

Les avantages du projet sont multiples. Il place d'abord l'enfant dans une situation différente de celle qui fait de lui un « objet d'éducation ou d'enseignement », amenée de manière trop systématique par la relation pédagogique et éducative traditionnelle :
- il est « coauteur » du projet que l'on détermine avec lui. Son identité propre est reconnue, ce qui le valorise ;
- ce projet est fondé sur ses besoins, ses aptitudes. Ses désirs sont ainsi pris en compte ;
- les parents, ne sont pas ceux qui imposent. Ils proposent une relation d'aide. L'enfant se sent soutenu, il ne vit pas l'angoisse de la solitude devant la tâche à accomplir. Il est sécurisé ;

- l'enfant sait que ce qu'on attend de lui, et la façon dont il doit s'y prendre. Il n'ignore pas non plus ce à quoi il s'est engagé, ni comment il devra « rendre des comptes » ;
- l'enfant est acteur, il ne subit pas.

On mesure grâce à ces indications combien le projet est motivant et responsabilisant et « colle » parfaitement à la peau de l'enfant précoce qui peut alors mobiliser toute son intelligence.

Afin d'être plus concret, analysons les différents types de projets qui répondent à des situations particulières de la vie courante et que l'on peut élaborer avec un enfant. Ils ne sont pas à cumuler de manière systématique, et l'on doit plutôt les adapter en fonction du degré de maturité de chaque enfant. Il faut également tenir compte de ses aptitudes, de ses souhaits, de ses points faibles, du contexte relationnel de la famille ainsi que des disponibilités.

■ *Le projet de vie*

Il est à établir lorsque l'enfant sait ce qu'il veut faire et a une idée de son avenir socioprofessionnel, même si l'option choisie paraît peu fondée, voire artificielle. En intégrant ce désir dans un projet, l'enfant structure son travail, se sent engagé dans une dynamique. Cette dernière, même si elle aboutit à une réorientation de ses choix, et donc à l'élaboration d'un nouveau projet, lui a été profitable grâce aux apprentissages suscités par la stratégie adoptée.

■ *Le projet de scolarité*

Il peut être un projet à part entière, ou une sous-partie d'un projet de vie, qui fixe avec l'enfant un niveau de scolarité à atteindre, les efforts à fournir dans tel ou tel domaine d'apprentissage.

■ *Le projet d'organisation*

Il permet d'élaborer un cadre de travail, une gestion du temps en rapport avec les exigences de la vie scolaire et personnelle du collégien.

Ce projet constitue un apprentissage de la méthode, de la rigueur et de l'organisation.

■ *Le projet d'activité*

Il est à mettre en œuvre pour combler une lacune, ou pallier des difficultés dans telle ou telle discipline.

■ *Le contrat*

C'est la démarche de contrat qui permettra de privilégier les rôles positifs et de ne pas user des autres pour obtenir l'engagement de l'enfant. L'enfant précoce est facilement mobilisable dans cette pratique qui le valorise et se fonde sur son intelligence. Cette relation diffère de celle qu'il adopte habituellement face au travail scolaire du fait que le contrat :
- définit clairement les conditions de la mise en application du projet ;
- détermine ce que chacun peut attendre de l'autre dans le plan d'action établi ;
- fixe le moment et les modalités de l'évaluation du travail ainsi défini.

Exemple

Claire, élève de C.M. obtient de mauvais résultats en mathématiques ces derniers temps. Avec ses parents, elle étudie les problèmes et ils s'aperçoivent qu'elle commet des erreurs dans les opérations de multiplication.

Un projet est mis en place pour remédier à cela :

– l'objectif défini est d'effectuer correctement les multiplications dans huit jours ;

– deux moyens sont définis : renforcer la connaissance des tables de multiplication et s'exercer aux opérations ;

– tel jour donné, on procédera à un bilan. Claire parlera de ses difficultés à retenir telle table, on constatera qu'elle maîtrise mieux la technique. On décidera, avec l'éclairage d'un petit problème par exemple,

> si l'objectif initial est atteint. S'il l'est, Claire sera félicitée. Dans le cas contraire, on redéfinit un nouveau contrat.
>
> *Le contrat :*
>
> Trois fois par jour, l'enfant révisera une table et elle effectuera quotidiennement deux multiplications. Elle fera ce travail après le repas de midi.
>
> Claire ne veut pas réciter les tables. Par contre, elle sollicite la participation de ses parents pour corriger les opérations. Ils s'y engagent.

La pédagogie du contrat responsabilise l'enfant et le conduit vers l'autonomie. Certes, tout n'est pas si simple et la mise en place du processus nécessite temps et patience. Mais il portera ses fruits si l'enfant prend conscience des réalités suivantes :
- la notion de contrat et d'engagement réciproque régit les rapports humains ;
- sa vie personnelle, sa sécurité, son confort proviennent de l'engagement de ses parents ;
- tout contrat rompu peut vouloir dire que celui avec lequel on l'avait « signé » peut se désengager de ses obligations, en tout ou partie. La notion de sanction possible apparaît également ici. Elle peut être à la clé d'un contrat pour prévenir non pas les difficultés que l'écolier peut rencontrer, mais, éventuellement, la rupture de ses engagements au niveau du travail ou d'autres clauses. Mais il ne s'agit pas ici d'un chantage car l'enfant est partenaire à part égale lors de la négociation. Il apparaît cependant que plus l'enfant est habitué tôt à cette pédagogie du contrat, moins il sera utile, dans les prémices, de mettre en avant une carotte ou un bâton. Mais si cette solution extrême doit être mise en place, il s'agira, le cas échéant, de tenir la sanction négociée, car autrement tout le processus du contrat perdrait de son crédit et l'enfant ne s'y investirait plus sérieusement. Mais, répétons-le, c'est beaucoup plus la relation affective qu'entretient l'enfant avec l'adulte qui est gage du respect de ses engagements.

Aider l'enfant à bien se connaître

Une autre composante du cheminement de l'enfant précoce vers l'autonomie, qui l'aidera à dépasser peurs et doutes : la connaissance de soi, indispensable pour mener un projet. Celle-ci permet en effet de repérer ses points faibles, et de les compenser en mobilisant ses qualités.

Point besoin ici d'user de tests de personnalité, mais il s'agit tout simplement d'analyser avec l'enfant ses réactions, ses comportements, ses émotions… De les décliner en termes de caractéristiques de sa personne, sans juger ni culpabiliser, d'en analyser les caractéristiques et les conséquences dans la vie. Ce travail doit être mené dans toutes les situations de la vie courante, dans le cadre d'un dialogue serein et dépassionné où l'adulte doit aussi accepter de s'exposer. L'enfant précoce possède ici encore des atouts (son intelligence, mais aussi sa sensibilité) pour tirer le meilleur profit de cette lecture de lui-même.

■ *Quelques pistes pour l'aider à mieux se connaître*

À partir de là, aidez-le :

- à cultiver ses dons ;

- à accepter ses défauts et à les prendre en compte, voire à y remédier par un projet commun ;

- à mettre en évidence ses modes de fonctionnement intellectuels et physiques. Par exemple :

✓ J'ai besoin de me coucher tôt pour être en forme.

✓ Je travaille mieux le matin.

✓ Je ne peux pas faire plusieurs choses à la fois.

✓ J'ai besoin de calme et de solitude pour travailler.

✓ Je suis incapable de me concentrer à tel ou tel moment de la journée.

✓ J'ai besoin de voir les choses écrites pour les retenir…

Cette autoanalyse révèle en même temps, outre le fait qu'elle aide l'enfant à s'accepter, les nuisances qui peuvent interférer dans le travail scolaire (le manque de confiance en soi, l'angoisse quant à l'avenir, l'absence de motivation…), et peut conduire l'enfant précoce à mesurer dans certains contextes les limites de l'intuition, du sens de l'anticipation et de l'imaginaire qui le caractérisent.

Il est bon, aussi, de faire en parallèle un point portant sur ses connaissances dans les différentes matières afin de déceler les disciplines où l'on est à l'aise, et celles qui nécessiteraient un investissement plus particulier. Les questions que l'enfant doit se poser sont simples : « Où ai-je des lacunes ? En maths, dans la connaissance de l'actualité, en géo ? »… Un projet pour y remédier, avec définition de priorités et d'objectifs à atteindre, pourra être établi à partir des réponses.

■ *Entretenir une passion*

C'est au niveau de la vie extra-scolaire et culturelle que les parents doivent aussi s'investir. Celle-ci apporte en effet une réponse aux différents besoins de l'enfant précoce. Là, davantage qu'à l'école, au travers d'activités de club, il peut aller au-delà des simples apprentissages, vers la fonctionnalité des connaissances. Il peut également se mobiliser par rapport à ses besoins et ses attentes, et, surtout, devenir cet explorateur en quête de sens qu'il est avant tout.

Bien sûr, il est des domaines privilégiés, notamment scientifiques (astronomie, informatique, technologies, jeux d'échecs, de société…) où l'enfant précoce aime œuvrer. On l'y encouragera certes, mais il est important de le guider aussi vers des champs parfois moins prisés. Ces derniers le servent pourtant en stimulant sa créativité (les arts notamment) et peuvent l'aider à mieux maîtriser son corps (le théâtre est à cet égard une bonne école). Pour ce qui est de la pratique sportive, notons que l'enfant précoce privilégie les sports individuels. Il n'est pas bon de le forcer à des activités en équipe, l'essentiel étant que la pratique sportive le confronte à la notion d'échec et de frustration, qu'il pourra ainsi mieux intégrer.

Il est important que l'enfant, notamment dans la famille, mais cela peut être également le cas à l'école, soit reconnu comme ayant un « territoire » de connaissances, un domaine privilégié de compétences. C'est une manière de l'aider à s'individualiser de façon positive et de répondre à son besoin de reconnaissance.

Il est essentiel aussi de favoriser l'accès de l'enfant aux livres et de s'intéresser à ses lectures. C'est un prétexte à des échanges vrais et valorisants, où l'on s'attachera à l'aider dans ses capacités d'expression et dans l'élaboration de sa pensée. D'une manière générale, l'enfant précoce est très ouvert aux activités culturelles (concerts, visites de musées ou d'expositions...) et il ne faut pas l'en priver. C'est là aussi une manière de travailler sa créativité, de l'encourager à valoriser l'originalité de ses goûts, et donc de sa personne.

CHAPITRE 9

La part de l'école

Nous allons fonder notre réflexion dans ce domaine sur le constat d'une psychologue, spécialisée dans la question de la précocité.

> « En effet, un enfant intellectuellement précoce mais non repéré comme tel, est un enfant qui s'ennuie en classe et qui va, pour se faire reconnaître, déstabiliser l'enseignant et se mettre à la recherche forcenée d'une place, de SA place.
>
> Ces écoliers ont besoin d'un enseignement adapté à leurs ressources car ils n'apprennent pas de la même façon : ils ont besoin très tôt de plus de stimuli et de plus de complexité. L'éducation devrait être à la fois plus rapide et plus complète, et les informations devraient leur être présentées différemment pour répondre à leur besoin de complexité.
>
> Le bilan de ce test vient signifier une importante avance intellectuelle et permet de dire que D. est un écolier au fonctionnement cognitif particulier. On ne peut qu'encourager ses parents à prendre contact avec l'équipe pédagogique (enseignant, directeur, psychologue scolaire...) pour discuter ensemble de la place à donner à cet enfant ; lui proposer d'aller plus loin dans les enseignements, lui demander d'animer de petits ateliers, lui permettre de s'occuper quand son travail est achevé. Ce sont autant d'astuces qui permettront à D. de ne pas s'ennuyer et de se familiariser avec la notion d'effort scolaire.
>
> Il serait également favorable de lui proposer des activités complémentaires à l'extérieur de l'école (club d'astronomie, d'échec, apprentissage d'un art...), pour que D. puisse s'entraîner à la notion d'effort scolaire, et continuer à stimuler et à entretenir son potentiel.

Un enfant intellectuellement précoce n'est pas un enfant qui sait tout : c'est un enfant qui est capable d'apprendre plus vite que la moyenne des autres enfants de son âge car il dispose de processus de raisonnement et de réflexion particuliers. Il ne s'agit en aucune manière de "pousser D.", mais simplement, en respectant son rythme, de ne pas le retarder.

Mais n'oublions pas qu'un enfant, même en avance sur le plan cognitif, reste avant tout un enfant qui, comme tous les autres, construit son devenir d'adulte avec sa fragilité et sa sensibilité : lui aussi a le droit de ne pas tout savoir et peut se tromper de temps en temps. »

La scolarisation en établissements spécialisés

À partir de là, analysons d'emblée la question de la nécessité de la scolarisation des enfants précoces dans des établissements spécialisés. Les arguments favorables à cette option soulignent le fait qu'il est alors plus aisé de centrer les apprentissages sur les seuls contenus non intégrés. Cela évite ainsi à l'enfant d'être confronté à des savoirs qu'il maîtrise déjà, en même temps que s'opère une meilleure prise en compte des spécificités des modes d'acquisition et d'intégration des savoirs. Par ailleurs, l'organisation, par nature plus souple de ces établissements, permet l'ouverture d'ateliers que les élèves peuvent fréquenter à la place de cours qui leur sont inutiles. Là, ils peuvent exploiter des compétences différentes de celles qui sont proprement scolaires, dans des domaines où ils excellent et que l'institution scolaire ordinaire ne prend pas toujours suffisamment en compte. Un autre argument est celui de la relation aux autres qui, on le sait, est le point faible de beaucoup d'enfants précoces. Elle serait facilitée par la fréquentation d'enfants « similaires ».

■ *Quelques principes à rappeler*

Si ces options sont valables en elles-mêmes, des principes forts doivent être affirmés. Ils doivent offrir une alternative à ce choix, toujours onéreux pour les familles, dans la mesure où ces établissements spécialisés sont de statut privé :

• L'École de la République est celle de TOUS les enfants, et elle doit prendre en compte leurs différences, quelles qu'elles soient. C'est à elle de faire les efforts d'adaptation nécessaire. C'est une question d'équité sociale et d'égalité civique.

• La socialisation suppose la rencontre de l'autre dans sa différence, qu'elle soit sociale ou individuelle. On n'aidera pas l'enfant précoce à s'intégrer ultérieurement dans la société en le protégeant des aléas de la vie sociale, avec ce qu'elle peut comprendre de différenciations, de frustrations, et en le coulant dans une uniformisation. C'est d'ailleurs aussi pour cette raison que la scolarisation à domicile n'est pas une bonne chose, et ne doit être envisagée qu'à titre transitoire, en cas de problème grave d'intégration et dans la perspective d'élaboration d'un projet de rescolarisation ultérieure.

• Rassembler des enfants autour d'un critère limité au seul fonctionnement intellectuel, c'est prendre le risque de réduire les sujets qu'ils sont à ce seul domaine. L'être humain est un tout complexe qui se réalise par les interactions de ses différents ensembles (intellectuel, affectif, physique…).

• Rassembler des enfants précoces encourt le risque d'une compétition « par le haut », pour laquelle la réussite est seule gage de valeur, et où on oublie quelque peu les fragilités du sujet précoce, son enfance. Le mythe du petit génie ou le fantasme parental de l'enfant hors norme, avec ce que cela comporte de stimulations négatives et de bachotage, ne sont jamais bien loin.

• Les établissements spécialisés ne sont pas légion et supposent donc, pour la plupart des enfants, le statut d'interne. Or l'enfant précoce, plus que d'autres peut-être, a besoin d'un soutien affectif parental permanent.

Disons, pour conclure sur cette question, que ces établissements spécialisés n'ont de sens que si l'enfant est entré dans une phase de rupture complète avec l'école traditionnelle, marquée d'une phobie scolaire caractérisée, ou si l'éloignement d'un milieu familial imprégné d'angoisse, d'incompréhension et d'attentes néfastes peut être bénéfique à son équilibre psychique.

Reste le constat portant sur le fait que la scolarité des enfants précoces est plus chaotique que celles des autres enfants. Cela se traduit notamment par de fréquents changements d'école ou d'établissement. Parfois par des déscolarisations complètes, avec recours aux cours par correspondance. Ce qui témoigne donc d'une inadaptation encore trop grande de l'école à cet enfant.

Pour une pédagogie de l'activité

La pédagogie à mettre en place pour répondre aux besoins de l'enfant précoce doit intégrer des mises en œuvre spécifiques liées aux attentes psychologiques. Elle doit aussi s'appuyer sur les démarches ordinaires afin de les adapter. C'est avant tout une *pédagogie de l'activité ou de la réactivité* qui est à actualiser, avec des supports ou des contextes qui rendront l'enfant agissant, partant de lui-même, et par lui-même, à la découverte du savoir ou du savoir-faire, ou bien le construisant par opposition à une situation problématique, à un obstacle. La mobilisation de la créativité, de l'inventivité est en jeu. Le conflit sociocognitif est souvent le fondement d'une pédagogie adaptée. C'est une pédagogie du défi, où le savoir ne se présente pas en a priori ou ne se limite pas à l'intégration d'une idée, mais se construit grâce à une démarche de type expérimental, avec ses hypothèses avancées, ses tâtonnements, et surtout, l'adoption de démarches qui vont ainsi donner l'occasion à l'enfant de se connaître, en même temps qu'il va connaître.

L'enfant précoce *aime apprendre avec les autres,* ce qui semble paradoxal. Cela va à l'encontre de l'image que l'on se fait de lui, à partir de comportements considérés comme asociaux, et cela montre que, par principe, plus que les autres, il est un être social. Il a besoin de se reconnaître dans ses pairs, il cherche à se construire par rapport et en référence à eux, à se rassurer en prenant conscience d'une identité commune. Dans le même temps, il veut s'affirmer en légitimant et validant, par le partage ou, à défaut, la reconnaissance, ses connaissances et ses spécificités particulières. L'échange est pour lui fondamental à développer dans le cadre d'*une pédagogie de l'émulation*. Il ne s'agit pas ici de créer un contexte de compétitivité, mais bien de coopérer dans un projet d'apprentissage. Par ce biais, les compétences, comme les différences de chacun, sont reconnues, les responsabilités sont partagées. L'enfant précoce aime les stratégies, inventer des solutions.

■ *Aller vers une « pensée critique »*

D'où *une pédagogie où l'inventivité et la créativité sont reconnues* comme voies de construction du savoir, avec ce que cela comprend de reconnaissance de l'erreur. Avec cette méthode, la norme — y compris celle de la démarche d'apprentissage — n'est pas l'a priori, mais découle de l'expérience. C'est *une pédagogie du questionnement et du sens,* qui est à mettre en œuvre pour répondre aux interrogations existentielles incessantes de l'enfant précoce sur le monde. Il s'agit dès lors, en tenant compte de son potentiel intellectuel, de dépasser pour lui la simple intégration de la connaissance, et de lui substituer une *activité réflexive en allant vers une « pensée critique »*. Là, les savoirs sont mis en relation entre eux, ou comparés avec sa propre expérience, ce qui est l'apanage de la construction d'une pensée. Sur un plan plus formel, *c'est une pédagogie de l'exigence* qui est à instaurer, non seulement sur le plan des contenus, mais surtout en ce qui concerne la forme (écriture, présentation des travaux...). L'enfant précoce est, en effet, sur ces plans souvent desservi par une pensée qui va plus vite que sa matérialisation par l'écrit. Peut-être plus qu'un autre, l'enfant précoce a besoin de cadres, de normes et de références. Ces derniers sont nécessaires pour contenir l'angoisse inhérente à son vécu. Ils lui permettent également d'atteindre l'équilibre psychologique à même de structurer ses apprentissages, et de percevoir le monde environnant comme une entité sécurisée. Ce qui ne peut manquer de stabiliser ses bases psychoaffectives, et d'apporter une réponse à ses comportements diffus.

Processus d'apprentissage de l'enfant précoce

Sur un plan didactique proprement dit, l'expérience montre que, chez l'enfant précoce, le processus d'apprentissage — il va de la découverte, ou émergence de la connaissance nouvelle vers son intégration par le biais de phases d'analyse, de compréhension, de structuration et d'application — peut très bien aller directement de la découverte à la compréhension, voire à l'application, non parce qu'il saute ces étapes, mais parce qu'il les vit en quasi simultanéité. Par contre, dans la dernière phase, il n'a souvent pas besoin des exercices directifs pour saisir et expérimenter les implications directes dans son vécu, son imaginaire et faire coïncider la connaissance acquise avec les autres qu'il maîtrise déjà. Les processus d'induction et de déduction, tout comme l'élaboration d'un postulat pour bâtir un raisonnement, ne correspondent pas à son mode de fonctionnement intellectuel. La phase de transfert des savoirs est quasi systématique et immédiate chez l'enfant précoce. *Les approches interdisciplinaires, voire transdisciplinaires,* qui permettent l'élargissement de cette opération sont ici celles qui conviennent le mieux à une intelligence habile à procéder à des connexions d'idées, à opérer des synthèses. Chez l'enfant précoce, les connaissances sont globales, intrinsèquement liées entre elles par des mécanismes que les associations d'idées facilitent et par des synthèses systématiques.

Une pédagogie de la culture

Dans cette mesure, on peut même parler d'*une pédagogie de la culture.* Ce terme renvoie à une absence de compartimentage des savoirs, leur intégration directe dans le vécu personnel et social de l'enfant, et la recherche indispensable de liens avec les expériences extra-scolaires. Ainsi, les activités proposées comme les supports, *les contextes d'apprentissage ne peuvent être dissociés de la culture*. Celle-ci est une marque de l'environnement direct de l'enfant. Visites de musées, rencontres avec des spécialistes, des témoins, des créateurs, sorties culturelles doivent servir de fondement à un travail. Par ce biais, l'enfant précoce va être amené à « problématiser » le monde, il pourra l'interroger, se mettre en projet de découvrir par lui-même, ou avec l'aide d'un adulte-guide, les réponses qui deviendront connaissances. L'enfant précoce s'ennuie rapidement, non seulement parce qu'il est confronté à des apprentissages déjà acquis, mais aussi à cause de la répétitivité ou de l'uniformité des tâches ou supports qui lui sont proposés et de leur absence de finalité. C'est en cela *qu'une pédagogie de l'étonnement,* définie par la succession rapide de temps courts d'apprentissages, marqués par l'originalité et la variété des situations, peut, elle seule, offrir motivation et stimulation nécessaires pour maintenir l'attention et assurer l'investissement de l'élève.

Une pédagogie de la participation

Enfin, c'est une *pédagogie de la participation* qui est requise. Celle-ci doit intégrer l'avance qu'a l'enfant dans certains domaines, et, surtout, prendre en compte les connaissances qu'il a pour construire le contexte d'apprentissage. Dans cet objectif, l'enseignant apprendra à distinguer les différents types d'approches des champs d'apprentissage. Ces derniers varient selon les enfants. Certains ont un domaine d'apprentissage privilégié qu'ils exploitent au maximum, d'autres ont une curiosité non sélective, certains, encore, conjuguent seulement plusieurs centres d'intérêt. Rares cependant sont les touche-à-tout superficiels...

Il est indispensable de dépasser l'attente d'une efficience normale et de ne pas faire travailler l'enfant au-dessous de ses capacités, il s'agit bien d'exploiter ses potentiels. À cet égard, la tâche doit ressembler à un défi marqué d'obstacles suffisamment difficiles pour motiver l'apprenant. Pourtant, ces derniers ne doivent pas lui sembler insurmontables afin de ne pas le décourager, ni le mettre en échec. Ces données, comme nous l'avons vu, risquent, compte tenu de la sensibilité affective de l'enfant précoce, de le faire basculer dans une dépréciation de lui-même difficilement récupérable. Le choix de la tâche en fonction de ces critères a aussi pour but d'associer l'élève à une dynamique d'effort et de dépassement de lui-même, capable de l'amener par la stratégie et la méthode à être cadré. Les attentes doivent être clairement formulées en termes qualitatifs.

L'essentiel avec l'enfant intellectuellement précoce est avant tout d'éviter l'ennui. Il génère, certes, des comportements perturbateurs, mais cela n'est pas le plus grave. Il se familiarise progressivement avec la passivité, génératrice d'angoisse chez un enfant qui, de surcroît, se trouve ainsi confronté à une écoute pathologique de lui-même, et donc confronté à ses peurs et à ses doutes. L'ennui demeure une forme de non-être, et conduit irrémédiablement à un vécu dépressif. Rappelons qu'il est essentiellement généré, chez l'enfant précoce, par la sous-stimulation ou l'inhibition intellectuelle : l'effet « Pygmalion négatif ».

L'école n'est pas désarmée

L'école n'est plus désarmée devant cette complexité. Lui rappelant sa mission de prise en charge pédagogique de tous les élèves, en tenant compte de leur diversité de rythmes et de stratégies d'acquisition des apprentissages, de nombreuses circulaires, reprenant l'esprit de la loi d'orientation de 1989, donnent au système éducatif plus de souplesse pour s'adapter à la différenciation nécessaire de ses actions.

■ *Les cycles d'apprentissages*

Citons, parmi d'autres, son organisation en *cycles d'apprentissages*. L'enfant dispose par ce biais de plusieurs années pour acquérir des compétences qui doivent être atteintes en fin de cycle, et non plus au bout d'une année. Le bilan réalisé à ce moment peut proposer un temps supplémentaire pour travailler les apprentissages défaillants s'ils sont importants, ou bien encore le passage dans le cycle suivant, avec un renforcement des compétences manquantes relevant du cycle précédent. Ce contexte permet aussi l'organisation de classes de cycles composées de plusieurs niveaux. Ce sont des classes stimulantes qui permettent également un saut de classe, sans pour autant « dépayser » l'enfant.

L'école doit mettre en place dès que c'est nécessaire des *projets individualisés* pour les élèves que la pédagogie de groupe ne peut satisfaire à cause de leurs difficultés ou de leurs particularités. Relevons notamment la mise en place des *projets personnalisés d'aide et de progrès.* Au collège, la mise en place de *parcours diversifiés* ouvre la perspective de choix de domaines privilégiés dans les apprentissages, et de cursus adaptés. Enfin, la pratique de *l'évaluation*, qu'elle soit institutionnalisée ou inscrite dans les mises en œuvre pédagogiques courantes, doit cerner au plus juste les besoins réels des élèves, pour leur apporter contenus et démarches adaptés et particularisés. Tout cela doit permettre à l'institution scolaire d'organiser les enseignements qu'ils soient collectifs, de groupes ou individualisés, sur les aptitudes de l'enfant à apprendre et ses potentiels. L'enfant précoce doit donc y trouver son compte. Différentes solutions peuvent être envisagées pour lui, tant dans le premier degré que dans le second.

- L'élève précoce, s'il travaille dans sa classe d'âge, peut fréquenter d'autres niveaux scolaires en fonction de ses capacités et potentiels dans les différentes disciplines d'enseignement.

- On peut rassembler autour de l'enfant précoce des enfants qui ont les mêmes besoins éducatifs et d'enseignement, et constituer ainsi des groupes homogènes selon les matières en fonction du niveau atteint, et non en fonction de l'âge.

• L'enfant peut être mis en situation d'apprentissage personnel. Mais attention, cela ne peut s'effectuer avec efficacité que pour certains élèves déjà autonomes dans le cadre d'un contrat relatif à une tâche donnée, qui définit de manière claire les objectifs à atteindre, les modes d'évaluation et de gratification. Tout cela vise à entretenir la motivation, qui est la clé de la réussite de cette option. Il faut être très prudent avec cette approche car, rappelons-le, l'enfant précoce a besoin d'être dirigé, cadré dans une perspective méthodologique et par des exigences, que seul un contact interpersonnel peut souvent cautionner. Le risque est que l'apprentissage solitaire tourne au jeu, n'aidant pas l'enfant à intégrer les notions d'effort notamment.

• Les cours par correspondance offrent une alternative possible aux différents modes d'organisation pédagogique. Ils ont l'avantage de répondre précisément aux rythmes d'apprentissage propres de l'enfant, avec la possibilité d'aller vers des approfondissements en même temps qu'ils posent des exigences d'exécution et de délai. Mais l'abord reste souvent par trop théorique, ne développant pas les situations d'expérimentation et les approches concrètes des savoirs, dont les précoces sont particulièrement friands. Cette alternative nécessite, de toute façon, une grande motivation et un suivi au niveau de l'école ou de la famille. Ce dernier est d'autant plus important que des intervalles longs existent souvent entre la remise des devoirs et le retour des corrections, ce qui n'aide pas à une « remédiation » éventuelle.

• L'enfant peut être intégré dans une classe au seul titre de la responsabilité administrative, et bénéficier d'un projet personnel spécifique conçu par l'équipe pédagogique de l'école. C'est un mode d'enseignement, individualisé en classe hétérogène, mais généralisé à l'ensemble des contenus d'apprentissage. Un membre de cette équipe, qui n'est pas forcément l'enseignant de la classe de rattachement, doit alors faire fonction de tuteur pour garantir la mise en œuvre et le suivi du projet, son évaluation au regard des niveaux et des exigences institutionnelles.

• *À propos de tutorat* : ce peut être une forme de travail en soi, à proposer à l'enfant précoce. Il peut, en fonction de ses capacités et de ses connaissances, aider un élève de niveau inférieur, voire supérieur, dans l'approche d'une tâche d'apprentissage. Cela le valorisera en même temps qu'il verra l'utilité de ces compétences qui le distinguent des autres. Il ne les vivra plus sur un mode négatif. À l'inverse, on peut demander à un élève de niveau supérieur d'aider l'élève précoce dans l'acquisition d'un savoir. Celui-ci se sentira reconnu dans sa différence grâce à la rencontre avec ce tuteur qui est à la fois un pair, plus âgé cependant, vivant les mêmes centres d'intérêt au cours d'une situation partagée. Dans les deux cas, la socialisation du sujet est facilitée puisqu'il met en commun quelque chose avec d'autres enfants, en même temps qu'aucun jugement n'est porté sur lui. Il est un élève parmi d'autres, et le « coapprentissage » portera d'autant plus ses fruits que l'enfant précoce aime partager ou initier.

• On peut opter pour la pratique *d'une admission scolaire précoce ou, en cours de scolarité, du saut de classe*. Cela répond souvent aux besoins réels d'apprentissage, mais ne doit pas se faire par principe, et à la légère, et sans l'accord de l'enfant lui-même. Il importe de toujours vérifier que les préalables aux apprentissages abordés par le niveau sollicité soient acquis, ou prévoir des renforcements. Notons que, statistiquement, cette pratique est gage de réussite ultérieure dès lors qu'elle est bien suivie. Rappelons que tout échec, ou tout écart, entre les exigences et les capacités de l'enfant précoce peuvent l'amener à s'interroger sur sa propre valeur et accentuer l'image négative qu'il a de lui-même. Un des objectifs majeurs de cette pratique doit aussi rester le travail de socialisation, qui nécessitera une attention toute particulière du fait du décalage entre la psychologie de l'élève concerné et celle de la classe d'âge antérieure qu'il va ainsi fréquenter. À cet égard on peut estimer que deux années d'avance constituent en général un maximum pour réduire le décalage entre l'enfant intellectuellement précoce et les demandes de l'école. Relevons, concernant ce domaine des relations aux autres, qu'il est conseillé de prévoir le saut de classe lors des étapes charnières de la scolarité (passage de l'école au collège, du collège au lycée), pour que l'enfant ne perde pas à plusieurs reprises ses repères relationnels. Et plus le saut de classe peut être proposé tôt, mieux c'est.

• On peut aussi mettre l'élève en projet au sein de l'école ou du collège, à partir de ses centres d'intérêt, d'une passion, pour concevoir des recherches, monter une exposition, constituer un dossier… Il peut, pour cela, travailler seul ou avec d'autres enfants, avec un aide-éducateur…

Il est important de concevoir aussi une prise en charge que nous qualifierons d'*homogène*. En effet, elle rassemble plusieurs enfants précoces, ou des enfants précoces avec des élèves ayant des besoins d'apprentissages et des profils psychologiques identiques. Cela, tout d'abord pour faciliter la communication avec des « semblables », et ainsi sortir du risque de l'isolement. Ce regroupement devra servir à mettre en place des acquisitions spécifiques, relatives à des centres d'intérêts partagés, ou à des contenus hors programmes exigés par le niveau des élèves. Il deviendra surtout le cadre d'approfondissements, d'enrichissements exigés par le niveau intellectuel des élèves concernés : mettre en relation les connaissances acquises dans plusieurs domaines, raisonner sur la complexité, développer des idées et surtout un jugement. Cela s'effectuera dans une approche qui ne doit pas remplacer le cours, mais l'élargir et le compléter, en même temps qu'asseoir les méthodes de travail. Ces actions pédagogiques spécifiques — tout en maintenant l'équilibre affectif des élèves, en visant la socialisation par le biais du partage des activités et des interactions, favorisées notamment par l'organisation d'ateliers — doivent prendre en compte les rythmes d'acquisition qui diffèrent. C'est d'autant plus facile que le groupe est alors restreint et les écarts réduits, compte tenu des profils similaires.

Adapter la relation pédagogique

La médiation pédagogique

Mais c'est aussi en modifiant la relation pédagogique que l'école parviendra à aider l'enfant précoce en réduisant le décalage qui peut exister entre celui-ci et les contenus et démarches scolaires. Il s'agit d'abandonner la relation frontale, ici plus qu'ailleurs inefficace, en lui substituant la *médiation pédagogique.* L'enseignant pourra se placer « entre les variables de l'individu et les variables de la situation[1] ». Concrètement cela signifie qu'il va s'attacher à faciliter les *échanges* qui s'opèrent entre le sujet apprenant et son milieu, et, plus particulièrement, la connaissance qui lui est offerte. La médiation, facilement compréhensible dans le champ relationnel, est surtout intéressante en ce qui concerne l'application dans un contexte d'apprentissage. Tout apprenant a besoin d'une tierce personne pour donner du sens aux stimuli qu'il rencontre quand il apprend. Ces situations de médiation sont d'autant plus riches que l'élève va les transférer dans d'autres contextes, et ainsi développer son intelligence et son autonomie. La médiation pédagogique couvre un large champ qui va de l'imitation suggérée à la proposition d'activités. Elle utilise des stratégies généralisables, en passant par un discours porteur de sens sur l'activité elle-même. À côté de la médiation, on peut instaurer, selon le même principe, des activités de « remédiation » visant à corriger les déficiences cognitives dues aux lacunes des premières médiations.

La médiation pédagogique n'est pas négociation avec l'apprenant, ni tentative d'accorder le niveau des savoirs au sien, mais, au contraire, effort pour amener les apprenants au niveau de la connaissance. Elle ne se confond pas non plus avec une relation d'assistance, ni avec une simple transmission des savoirs. Ce n'est pas la somme de ces derniers qui

1. Annie Cardinet, *Pratique de la médiation en pédagogie,* Dunod, 1997.

compte dans la pédagogie de médiation, mais plutôt la façon dont ils s'organisent, et le travail mental nécessaire à l'acquisition.

L'enseignant, dans ce contexte, n'a pas de pouvoir parce que le pouvoir d'apprendre relève du seul ressort de l'apprenant. Il a, par contre, une responsabilité à assumer : faire apprendre. Il se doit d'être un catalyseur, ce qui ne peut s'effectuer sans un contexte de communication.

Quel que soit son type, la médiation doit, avant tout, enraciner les situations proposées à l'élève dans un contexte, celui de la réalité, dans une *intelligence des situations*. Elle réalise la rencontre entre l'apprenant et son environnement.

On mesure, compte tenu du descriptif des besoins et des particularités de l'enfant précoce, combien cette pédagogie est la seule à même de répondre à ses besoins.

En effet, les apprentissages sont liés à trois compétences générales : vouloir apprendre, aimer apprendre et pouvoir apprendre. La première est ancrée dans la personnalité de l'enfant précoce, et ne peut disparaître que si des obstacles interviennent dans la réalisation des deux autres.

■ *Comment l'école doit-elle encadrer l'enfant précoce ?*

Sur le plan de l'encadrement de l'enfant, l'école doit proposer une prise en charge tout à fait ordinaire, en veillant cependant à n'offrir qu'une tolérance minimale au dépassement des normes du groupe. Cela, non seulement pour que l'élève n'apparaisse pas comme un privilégié, au risque de renforcer des mécanismes d'exclusion, mais aussi pour stimuler sa socialisation. C'est possible en suscitant à la fois l'exigence et la compréhension qui favorisent cette *tension d'insertion*, importante pour le développement de l'enfant, et surtout pour la construction de l'image qu'il a de lui-même. Elle est, nous le savons maintenant, essentiellement tributaire de celle des autres ; son élaboration, qui tient compte de l'interaction avec le milieu, est aussi un facteur de stimulation de l'intelligence. Avec l'enfant précoce, c'est essentiellement la pédagogie du projet qui est efficace. Rappelons qu'elle vise à le responsabiliser en l'informant sur ce qui lui est demandé, en définissant les objectifs à atteindre, et par là les exigences. Elle définit également ce qui sera évalué, les « remédiations », et les sanctions possibles. On peut ainsi élaborer un projet autour du comportement dans la classe ou dans l'école, autour du travail scolaire proprement dit. Cette pédagogie apporte une réponse particulière aux besoins de reconnaissance et de valorisation, mais aussi de sécurité et de normes, exacerbés chez l'enfant précoce.

Enfin, insistons sur la notion d'évaluation formative, qui lui sied davantage que les systèmes de notation traditionnels. Elle lui assigne le statut de coauteur de ses apprentissages, le responsabilise en même temps qu'il est suffisamment armé pour en tirer tous les profits. Mais c'est surtout parce qu'elle lui renvoie une image de lui-même, objective et sans jugement, qu'elle est intéressante. Cet enfant a en effet besoin de savoir qui il est à l'école, quelle est sa place et ce qu'il vaut. L'évaluation lui donne toutes les armes pour restaurer éventuellement une image de lui-même défaillante. Elle lui permet aussi de se retrouver parce que le projet peut réactiver la passion d'apprendre, qui reste pour l'enfant intellectuellement précoce une forme d'idéal.

C'est le plaisir d'apprendre que cette pédagogie ressuscite. Mais attention, le plaisir qui, nous l'avons vu, est inhérent à la motivation, est aussi lié à la nécessité de l'effort, du dépassement de soi, donc de l'exigence.

■ *Une relation pédagogique fondée sur l'affectif*

On n'insistera jamais assez sur le fait que, plus que les autres enfants, l'enfant intellectuellement précoce a besoin de reconnaissance affective. Tout d'abord on sait que, sur ce plan, il est en décalage par rapport à son âge, que sa maturité affective a besoin de stimulations sécurisantes pour se renforcer. C'est un enfant souvent profondément angoissé, qui a besoin des adultes pour se rassurer, être conforté dans son identité, dans sa « normalité » humaine, dans son enfance. Toute marque de rejet ou d'indifférence le cantonne dans ses doutes et ses interrogations. Et il n'a bien souvent pas la possibilité d'avoir recours au partage réconfortant de l'enfance avec d'autres semblables, puisqu'il se sent aussi différent des autres enfants. Tout avec lui, y compris et surtout l'autorité, passe par l'affectif tout autant que par la raison.

L'enfant intellectuellement précoce pose la question de la place de l'affectif dans la classe et dans la relation pédagogique. La position adoptée auparavant par l'école — position prônant la neutralité des sentiments — et qui reste encore très présente dans bien des milieux éducatifs, ne tient plus. Tout enfant a besoin de sécurité affective pour apprendre. Or, celle-ci passe par une relation de confiance, et surtout de reconnaissance mutuelle. Elle s'établit par des signes, des gestes, des paroles qui montrent que l'on s'intéresse à l'élève. Tout débute par le sourire, puis, bien sûr, par la parole. Celle-ci s'intéressera à l'enfant, à sa vie extra-scolaire, à ce qu'il ressent, à ses états affectifs ; elle est une sorte de clin d'œil qui établit une connivence dépassant, sans les nier, les rôles et les fonctions. L'un des moteurs de l'apprentissage est aussi constitué par les réponses que l'on entend donner à des « strokes » positifs, autrement dit, des signes affectifs envoyés par l'adulte. L'enfant apprend donc également pour répondre à ce sentiment d'être aimé. Celui-ci lui donne l'envie, à son tour, de renvoyer un de ces signes, via la satisfaction qu'il apporte à l'adulte. Aimer un élève, c'est lui faire sentir sa valeur. C'est comprendre que ses faiblesses, ses lacunes, ses erreurs, n'entravent en rien la qualité de la relation, mais, bien au contraire, la prolongent dans la mesure où l'enseignant va se définir alors comme aide, « facilitateur ». Cette relation de valorisation passe par des mots, des attitudes qui encouragent, félicitent, envisagent positivement l'avenir des choses, dussent-elles être négatives ou problématiques en elles-mêmes, ou dans la situation présente. Elle aboutit à l'octroi de responsabilités, la délégation de certaines fonctions. On ne mesurera jamais assez les effets négatifs d'un narcissisme défaillant. Ils insistent sur la nécessité pour l'enseignant de s'attacher à restaurer le Moi de l'enfant précoce, qui a besoin d'identifier sa valeur dont il a un sentiment intime, mais dont la prise de conscience est entamée par l'expérience scolaire. Celle-ci fournit peut-être trop l'occasion de souligner ses incompétences et ses limites, quand on ne le renvoie pas sans cesse à son « manque de maturité », à ses lacunes. Or, répétons-le, l'immaturité, quand elle existe, se veut essentiellement d'ordre affectif, et ne colle pas forcément à l'intelligence de cet enfant qui perçoit les problèmes qu'il pose aux adultes et essaie bien souvent de les amener à le comprendre. D'où l'importance de l'aider dans ses lacunes, sans les dénoncer seulement. On oublie trop souvent qu'il est capable de combler celles-ci avec une rapidité extrême, à condition de prendre en compte ses besoins en matière d'apprentissages. Il est également crucial de créer dans la classe une dynamique de groupe sécurisante. Celle-ci s'attache à gommer la différence, en exploitant l'intelligence de l'enfant précoce, c'est-à-dire en la reconnaissant sans pratiquer de différenciation dans sa valorisation avec les compétences des autres enfants. C'est aussi par le biais de la gestion de la parole dans la classe que l'enseignant aidera l'élève à s'intégrer. Il lui apprend notamment à écouter les autres. Alors, celui-ci deviendra même un atout pour le maître, un stimulant pour autres élèves.

Travailler la méthode

■ *Un mode de raisonnement plus intuitif*

L'enfant précoce use de manières originales pour construire la connaissance. Il a une approche intuitive des choses, procède la plupart du temps par analogie, sans entrer dans la démarche induction-déduction. Il ne parvient que rarement à identifier le processus qui aboutira à la solution d'un problème. Ce domaine ne l'intéresse pas et, de ce fait, il n'acquiert pas le sens de l'effort, ni celui de la méthode. Au début des apprentissages, cette facilité à survoler les opérations mentales donne à l'élève un sentiment de toute-puissance qui s'effritera dès les premières difficultés liées à des apprentissages complexes. Nous avons vu combien, à un moment de la scolarité, cela peut lui poser problème. Et c'est ici que des exigences particulières doivent être posées, tant sur le plan de la forme (qualité de l'écriture, présentation des travaux, tenue du matériel scolaire...), que sur celui de l'organisation de ses apprentissages (méthodes de travail, démarches de construction de la connaissance à décomposer en étapes...), pour qu'il puisse poursuivre ces derniers.

Sur le plan de la démarche pédagogique et compte tenu de la rapidité de compréhension, on note que les phases de découverte des notions — par le biais d'un apport ou bien d'un tâtonnement exploratoire — doivent être écourtées. Par contre, du temps doit être apporté aux phases écrites d'application et de transfert, où l'élève sera « victime » de sa lenteur, de sa maladresse au niveau de l'écriture, de l'organisation spatiale, ainsi que de son perfectionnisme, le paralysant souvent lorsqu'il faut effectuer un choix.

■ *Le rôle de l'école*

L'école joue un rôle important pour aider l'enfant précoce à combler son déficit en matière de méthodologie. Elle ne doit pas se cantonner à lui fournir des objets d'apprentissage. Pour aider à l'élaboration d'un apprentissage méthodique et construit, la gestion mentale s'affirme comme un moyen des plus efficaces. Elle n'attribue pas, comme c'est le cas de la pédagogie « traditionnelle », l'action à l'apprenant et la pensée à l'enseignant. Elle propose, précisément à celui qui apprend, de faire entrer dans sa conscience les opérations d'apprentissage. Celui qui, visuellement ou verbalement, anticipe dans sa tête les tâches scolaires à effectuer, s'écoute réciter et se voit démontrer quelque chose, devient pleinement maître de celles-ci.

L'enfant précoce, en prise avec ses difficultés, sous-stimulé, en doute de lui-même, sombre rapidement dans la passivité. Cela est pris pour de la paresse, alors qu'il s'agit d'une forme d'aboulie qui s'est installée, renforcée par l'inexpérience de l'effort en matière scolaire.

Il est important de comprendre cette paresse, qui n'est pas une réalité dans la précocité. L'enfant paresseux est celui qui n'a pas identifié ses désirs. Cela n'est pas le cas de l'enfant intellectuellement précoce. Il affirme son désir haut et fort : apprendre. La réponse pédagogique à la paresse consiste à conditionner l'activité d'appropriation de l'objet d'apprentissage pour la rendre attrayante, et susciter ainsi le désir. L'enfant précoce ne demande pas cela. Il aspire à un autre objet d'apprentissage. Un domaine différent intervient alors, sur lequel l'enseignant doit agir : c'est la volonté. Quatre données conditionnent celle-ci : la maîtrise de soi, l'esprit de décision, la ténacité, l'initiative. Ces éléments doivent faire l'objet d'une action pédagogique globale, car elles se travaillent simultanément. C'est là encore au travers de la pédagogie du projet que les enseignants atteindront cet objectif. Elle procure en effet à l'enfant les moyens de présider ou de s'associer à l'action. Mettre l'enfant en projet dans sa tête, autrement dit, à partir d'une connaissance affirmée des buts à atteindre, construire d'abord mentalement une action prenant en compte ses propres capacités, mesurer ensuite ses forces, ses faiblesses, ses connaissances et savoir-faire, mais aussi les compétences à acquérir, c'est reconstituer le désir d'agir, de grandir, donc d'apprendre.

On ne peut sur ce plan que renvoyer les pédagogues aux travaux d'Antoine de La Garanderie[1].

La prise en charge pédagogique ne doit surtout pas consister à demander du travail supplémentaire. L'enfant précoce n'a pas besoin d'apprendre plus, mais différemment, et autre chose.

1. A. de La Garanderie, G. Cattan, *Tous les enfants peuvent réussir*, Bayard Éd./Centurion, 1988 ;
A. de La Garanderie, *Réussir, ça s'apprend*, Bayard Éd./Centurion, 1994 ;
A. de La Garanderie, *La Motivation*, Bayard Éd./Centurion, 1991.

L'école doit avant tout créer un environnement qui banalise la précocité. Cela ne veut nullement dire en gommer les spécificités, car ce serait porter atteinte à l'individualité de l'élève et l'amener à renoncer à être lui-même. Cela signifie tout simplement les reconnaître et les prendre en compte, dans le cadre de sa mission institutionnelle. L'école ne peut y parvenir que par le biais d'une pédagogie adaptée et individualisée. Cette dernière permettra ainsi, en se fondant essentiellement sur la sollicitation de l'enfant, d'établir un équilibre entre les processus d'assimilation relevant des capacités d'un sujet à agir sur son environnement, et l'accommodation, qui est le mode de réaction de ce sujet face aux pressions de son milieu. Cet équilibre, selon Piaget, est la clé de l'adaptation.

L'autorité pédagogique

L'enfant précoce, du fait de ses besoins dans le cadre de la relation pédagogique, dessine le portrait de l'enseignant qui a su construire une autorité qui n'est pas de type vertical. L'autorité à caractère pédagogique se définit selon les points suivants :

- aime les élèves et établit avec eux des relations humaines ;
- aime son métier ;
- s'investit ;
- a des compétences techniques ;
- est soucieux de la réussite de ses élèves ;
- sait les intéresser.

CHAPITRE 10

Vers l'élaboration d'un projet commun

Une démarche de repérage

Le repérage est quelque chose de fondamental. Non seulement pour répondre aux besoins de l'enfant, mais aussi pour le sécuriser. Insistons ici sur la nécessité pour l'école de s'impliquer dans cette phase, et cela, dans une optique d'équité. Il est certain en effet que les parents issus de milieux socioculturels favorisés auront davantage de facilités pour repérer la précocité de leur enfant. Il sera ainsi pour eux plus facile de lui donner la chance d'une prise en charge scolaire, adaptée notamment à sa situation. Même dans ce cas, c'est parfois difficile quand il s'agit du premier enfant de la famille. Les parents n'ayant en effet aucun élément de comparaison. Quand une fratrie est constituée, les rivalités fraternelles et la place de l'enfant dans le rang familial sont autant de facteurs qui vont influer sur son comportement et sa personnalité. Souvent, ils vont masquer les signes de la précocité, notamment par le biais d'une normalisation et d'une uniformisation des goûts.

Il faut cependant se méfier d'un dépistage trop prématuré qui négligerait les réalités de l'enfance pour ne se focaliser que sur l'être intellectuel. En général, ce n'est guère avant 4-5 ans que l'on peut recueillir des indices signifiants. Il faut aussi savoir que la psychométrie reste un moyen de mesure peu fiable.

■ *Les différents avis médicaux et les démarches à suivre*

L'avis du psychologue scolaire et du médecin de santé scolaire peut être un éclairage intéressant, mais force est de reconnaître que la sensibilisation de ces personnels de l'Éducation nationale à la question n'est pas encore totale, et des obstacles idéologiques peuvent exister. Quoi qu'il en soit, si désaccord il y a, et si des doutes apparaissent sur une éventuelle précocité de l'enfant, il est bon de *consulter un pédopsychiatre* qui établira un premier bilan général de l'enfant, et jugera de l'opportunité de poursuivre des investigations. Celles-ci consisteront essentiellement dans *le passage de tests et d'entretiens d'évaluation spécifiques.* Ces derniers relèvent exclusivement de *psychologues avertis*, à qui l'on confiera l'ensemble de la procédure. Il n'est, en effet, pas bon de dissocier le passage des tests psychométriques des entretiens, les premiers éclairant les seconds, et inversement. D'où la nécessité d'une même conception de ces outils, et d'un seul et unique positionnement intellectuel et professionnel vis-à-vis d'eux.

Si un diagnostic établit une précocité, les parents doivent prendre contact avec le directeur de l'école, ou le chef d'établissement pour le second degré, afin que soit élaboré un projet pédagogique qui réponde aux besoins de l'enfant. Il tient également compte de ses capacités réelles et de ses potentiels. Il juge de l'opportunité d'une réunion de cycle, ou encore de l'ensemble de l'équipe pédagogique de l'école, ou de l'établissement, mais procédera en tout état de cause à un bilan scolaire. Celui-ci est élaboré par l'enseignant de la classe de l'enfant et par le psychologue scolaire, avant d'émettre une proposition de prise en charge pédagogique adaptée. Cette démarche, moins lourde et non médicalisée, ressemble à celle que l'on établit pour l'intégration d'un enfant handicapé dont l'école, comme pour le précoce, doit prendre en compte la différence. Elle doit se personnaliser, c'est pourquoi l'inspecteur de l'Éducation nationale chargé de la circonscription, ou le chef d'établissement pour le collège et le lycée, sont garants de la réalité et de la réussite de ce projet. Ils peuvent s'appuyer sur les conseils techniques de l'inspecteur chargé de l'adaptation et de l'intégration scolaire. Celui-ci peut également être l'interlocuteur des familles en cas de problèmes, et servir de médiateur : il est important que les différents acteurs de l'éducation de l'enfant ne restent pas seuls devant leurs propres perceptions de la situation. C'est par l'échange et l'écoute que se trouvent les solutions.

Créer un climat de coopération

Ce chapitre serait incomplet si la problématique des relations entre les parents d'enfants précoces et le monde de l'école n'était posée. Il faut bien avouer que le climat n'est pas toujours serein ! Il est clair qu'une relation positive et constructive avec les enseignants est souhaitable pour l'enfant. Sachons qu'elle n'est pas donnée d'avance, mais qu'elle se construit.

■ *La relation parents-enseignants*

Elle peut être difficile parce qu'elle est, par la nature même des rôles de chacun, source de malentendus. Leur origine apparaît à la lecture du tableau ci-dessous, qui rend schématiquement compte du vécu de chacun.

La précocité complexifie la situation analysée. Elle modifie en effet les paramètres relationnels, et cela pour plusieurs raisons :

- Le monde enseignant n'est pas encore formé, et à peine informé sur cette problématique.
- Cela entraîne souvent un déséquilibre en matière d'expérience entre les parents, généralement instruits sur la question, et les enseignants. Cela inverse le rapport habituel, où c'est généralement l'enseignant qui *sait*.
- La précocité fait se confronter l'angoisse parentale et la peur de la différence, celle de l'incompétence possible.

Enseignants	**Parents**
Sur le plan des responsabilités sont des éducateurs :	
Responsables des apprentissages.	Responsables de la formation qui assure à leur enfant la meilleure insertion sociale et professionnelle.
Interviennent à un moment donné de la vie de l'enfant dans le cadre des programmes. Entretiennent avec lui une relation pédagogique. Parfois insuffisamment préparés, isolés (peu d'enseignants travaillent en équipe). Leur statut social a perdu son prestige ; leurs conditions de travail sont souvent difficiles et leur salaire peu élevé.	Dans le cadre de la famille, de la vie, entretiennent avec l'enfant des rapports affectifs. Souvent démunis face aux enfants qui remettent en cause certitudes et autorité. Devenus « consommateurs » d'éducation pour leur enfant, les parents considèrent qu'ils ont des droits, en particulier celui de la réussite. Le métier de l'enseignant est d'y conduire l'enfant.
Chacun ressent à sa manière les difficultés de sa fonction et de son rôle, d'où	
sentiment de solitude, manque de confiance en soi, sentiment de culpabilité.	sentiment d'être dépassé, angoisse pour l'avenir, narcissisme
Cela peut entraîner	
un manque de relation personnelle avec les enfants ; dans les rapports avec les parents, le recours à la langue de bois ou l'attitude condescendante de celui qui sait ; de l'agressivité, de l'autoritarisme, un désinvestissement.	Un complexe d'infériorité, de l'agressivité à l'égard des enseignants, l'abandon des responsabilités, la démission.
La contestation du système.	

• Les clichés sur la précocité engendrent un quiproquo entre les parents, qui ne veulent que l'adaptation scolaire de leur enfant, et les enseignants, qui refusent tout élitisme.

• Le refus de prise en compte des besoins différents, voire leur négation, ou l'exploitation qui est faite des contradictions internes de l'enfant précoce, suscitent chez ce dernier, et surtout chez ses parents, un sentiment de révolte face à ce qui est perçu de bon droit comme une injustice.

• La différence de l'enfant précoce, contrairement à celle de l'enfant handicapé, remet en cause le pouvoir de l'enseignant. Il se trouve en face d'un élève qui peut savoir plus, mieux et qui, en tout état de cause, demeure une énigme pour lui. D'où la tendance fréquente de le « remettre en place » en pointant, avec parfois une violence non exempte d'humiliation, ses incompétences. Ce qui touche, bien évidemment, le narcissisme de l'élève et de sa famille.

• La réponse aux besoins de l'enfant précoce peut ne pas sécuriser l'enseignant dans sa pratique dont elle montrera les limites. Elle peut remettre en cause les certitudes, voire le confort pédagogique.

Parents et enseignants doivent filtrer en eux-mêmes ces motivations négatives, et s'interroger sur les points suivants :

• les reproches formulés à l'encontre de l'autre ne sont-ils pas souvent là pour masquer ses propres difficultés éducatives ?

• Refuser les problèmes d'un enfant, pour en rendre responsable autrui, n'est-ce pas une manière d'éviter de se remettre soi-même en question ?

• Refuser de remettre en cause son enfant, pour les uns, sa pratique professionnelle, pour les autres, ne masque-t-il pas une certaine vulnérabilité personnelle ?

• Refuser de « partager » l'enfant ne résulte-t-il pas d'un statut abusif qui lui serait donné ? Est-il sain de le considérer comme *sa* propriété alors qu'il est un être à part entière, qui plus est à deux facettes, l'enfant et l'élève ? De ce fait, il a besoin, à des degrés divers, de tous les adultes qui sont chargés de l'aider à construire sa vie.

Les parents doivent démythifier les enseignants :

- Ils ne sont pas des « magiciens » qui peuvent tout faire, tout arranger. Ils ne détiennent pas un pouvoir intangible et ne sont en rien des privilégiés, ni des « puits de science ».

- Ils sont soucieux d'accomplir leur tâche au mieux, partagés entre la conscience de leurs limites et l'impossibilité de les reconnaître, car ils se sentiraient indignes de leur fonction.

Aussi les parents doivent-ils éviter de se montrer soumis, ou à l'inverse méprisants. Ils ne doivent pas non plus se présenter comme des victimes, et il leur faut éviter d'être incohérents en exigeant, par exemple, de la sévérité, et en protestant à la moindre réprimande faite à l'enfant.

Les enseignants, quant à eux, doivent se rappeler qu'ils travaillent dans le cadre du service public, et qu'ils sont au service des usagers. Leur formation professionnelle les qualifie sur le plan de la didactique, de la pédagogie, mais sur le plan de la psychologie, et plus précisément de la précocité, ils ne sont pas toujours plus compétents que les parents. Ils se doivent donc de les écouter (même si perception de l'élève et de l'enfant peuvent différer), et de chercher des réponses pour satisfaire les besoins de l'enfant. Et, si parfois les parents véhiculent des analyses passionnelles, s'il est important de les ramener à une plus juste mesure, encore faut-il se rappeler qu'ils sont souvent des déçus de l'école qui ne s'est pas montrée à la hauteur de ce qu'ils étaient en droit d'attendre d'elle. En tout état de cause, ils méritent crédit et écoute, car rares sont ceux qui surinvestissent l'intelligence de leur enfant par élitisme, ou pour réparer leur narcissisme. La quasi-généralité des parents ne cherche que l'épanouissement de celui-ci.

Un projet pour aider l'enfant précoce

Le projet à mettre en place doit aider l'enfant ou l'adolescent précoce à vivre une scolarité normale. Ce n'est pas un projet d'intégration en soi, mais davantage un projet d'adaptation des dispositifs, des démarches et attitudes éducatives par rapport aux besoins d'un enfant différent. Cela suppose de la part des adultes d'aller bien au-delà d'un simple partenariat, qui est la juxtaposition d'intérêts ou de compétences particulières autour d'un but commun. Je préfère parler ici de l'idée de *compagnonnage*, qui suppose la notion de partage. Parents et enseignants ont, en effet, à partager leurs expériences, leurs connaissances, leurs ignorances, leurs craintes et leurs doutes pour aider un enfant, un adolescent à construire sa vie.

Pour élaborer ce projet d'aide, ils établiront les données d'une stratégie commune :
- en acceptant de discuter de leurs convictions personnelles sur l'éducation ;
- en centrant la préoccupation sur l'enfant lui-même : ses difficultés, ses besoins, ses centres d'intérêt, la nécessité de le respecter, de l'aimer. Le projet d'aide est sur ce point, fédérateur ;
- en écoutant l'enfant, et en s'efforçant de le comprendre, de croire en ses aptitudes et en sa richesse ;
- en s'attachant à agir auprès de lui pour son bien, et non pour le sien propre, qu'il soit personnel ou statutaire, en tant que « modèles » et non comme « supérieurs ».

À partir de ces données, la stratégie d'aide, élaborée conjointement, comportera les étapes suivantes :
- analyse de la situation de l'enfant. Phase d'information mutuelle. Mise en évidence de la spécificité des besoins, de la personnalité liés à la précocité. Information sur les contingences du système éducatif, ses missions, ses priorités ;
- analyse des problématiques liées à ces constats : compétences et incompétences de l'enfant, besoins éducatifs et scolaires. On cerne des priorités ;

- détermination d'objectifs à atteindre, qu'ils soient scolaires, comportementaux, méthodologiques ou autres ;
- détermination des engagements de chacun : mise en place éventuelle d'un projet pédagogique individualisé par l'école, stratégies pédagogiques adaptées choisies par les enseignants, exigences éducatives et scolaires pour les parents (un contrat à établir avec l'enfant) ;
- acceptation réciproque de temps de rencontres, à échéance donnée ou non, pour procéder à un bilan ou à un réajustement de l'action éducative et pédagogique.

Il est important que l'enfant, à défaut d'être associé à toutes ces phases, ce qui est à recommander, soit informé de l'engagement réciproque des uns et des autres, et de ce que l'on attend de lui. Cela ne pourra que le sécuriser et la coopération des adultes aura aussi pour avantage de lui offrir un cadre pour se construire.

CONCLUSION

Concernant la prise en compte de la précocité, le système éducatif doit encore faire son chemin. L'intérêt pour la question est récent et, pour le moment, les réponses apportées sont insuffisantes. On peut même affirmer que trop d'erreurs sont commises dans l'accueil de ces enfants, soit parce qu'ils ne sont pas reconnus dans leur particularité, soit parce qu'ils ne trouvent pas de réponses à leurs besoins, quand ces derniers ne sont pas contrariés.

L'école est encore en attente de conformité et d'uniformité, et cela de manière excessive. Elle reste trop focalisée sur les élèves intellectuellement démunis, ou ceux dont les apprentissages sont perturbés à cause d'un déficit socioculturel, pour s'intéresser à ces enfants, dotés ou favorisés sur ces plans. Elle ignore qu'elle génère une nouvelle forme de difficulté scolaire.

Ce faisant, le principe d'équité, qui est aussi le fondement des principes de laïcité, est mis à mal. Pourtant, l'école doit le privilégier, et préférer celui-ci au principe d'égalité, par trop nivelant et plus facile à assumer. La prise en compte par l'école de la précocité est, paradoxalement en effet, une question de justice sociale. Au même titre que le déficit intellectuel et socioculturel, surtout quand elle touche un milieu social défavorisé, elle engendrera une inégalité. Celle-ci est la conséquence de l'ignorance et de l'incapacité des familles à apporter une compensation aux difficultés engendrées par l'uniformité du système scolaire en matière de réponse. Les enfants précoces d'origine sociale modeste sont ainsi les plus pénalisés, les autres trouvant précisément une consolation dans la sollicitude familiale. La compréhension de l'entourage est, dans ce cas, la conséquence des liens privilégiés établis avec les autres acteurs du système éducatif.

Si le retard pris par le système éducatif, eu égard à la précocité, altère en effet les chances de réussite de ces enfants, on peut également arguer d'une forme de gâchis de potentialités et de richesses pour une nation. Dût-on ne pas adhérer à des options élitistes, on ne peut ignorer la question. Notre politique, qui est rarement suivie dans les autres pays où l'on a pu déceler dans la précocité des potentialités à valoriser sur le plan des ressources humaines, n'exploite pas ce potentiel scientifique et intellectuel. Cela nous mettra bientôt en dernière place du progrès et des découvertes, notre système scolaire étant trop occupé à « couper les têtes qui dépassent ». Nous devrions nous rappeler nos échecs passés sur le plan sportif trop nourri de visées égalitaires : la peur idéologique de l'élitisme avait placé le pays en retrait. Cela nous a conduits à instaurer une option élitiste, de manière déguisée, par le biais de sections sport-études, afin d'être compétitif au niveau mondial. L'accès au savoir réfère à une question taboue. Celle-ci se teinte de connotations sociopolitiques, dès lors qu'il s'agit de favoriser des enfants disposant par nature, par le biais de leur histoire, de compétences — et non de dons — particulières. L'hypersensibilité démocratique du milieu politique et, surtout, du monde enseignant, liée à l'ignorance de la question, ne peut y résister.

On oublie trop souvent qu'il peut y avoir une acception positive du concept d'élitisme, dès lors qu'il ne déroge pas au principe d'équité, et cela dans tous les domaines de la société. C'est l'éducation seule qui peut façonner cette vision positive de l'élitisme, et faire des enfants précoces des citoyens épanouis, mettant au service des autres des compétences particulières. L'enjeu n'est pas si dangereux qu'il soit nécessaire d'entraver le développement des potentialités humaines.

Au même titre que l'enfant déficient, l'enfant intellectuellement précoce pose le problème de la différence et de la rigidité des systèmes. Une problématique philosophique se pose à nous : « l'Homme doit-il s'adapter à ces derniers, ou les systèmes doivent-ils lui être adaptés ? »

On conçoit ici combien l'enfant précoce interroge l'institution scolaire en poussant plus loin encore la réflexion sur ses missions. Il pointe la prise en compte nécessaire de la différence dans sa globalité. Les conséquences ne sont pas moindres. L'école est obligée de reconsidérer, par ce fait, toute sa dynamique interne. Les mises en œuvre préconisées pour la prise en charge de l'enfant précoce mettent l'accent sur la nécessité de saisir le milieu scolaire, tant dans sa conception que sur le plan de son aménagement, comme lieu d'une expérience intellectuelle globale visant in fine à élaborer la pensée. C'est également la problématique du rôle de l'adulte, et plus précisément sa fonction de médiateur par rapport au savoir, qui s'impose ici. Les exigences de l'élève le poussent en effet à provoquer encore davantage le conflit éducatif et cognitif. S'impose également de manière très nette, dans la mesure où l'enfant précoce interroge toute la communauté scolaire, la question du projet de socialisation de l'élève, de la citoyenneté, de l'acceptation et du respect de l'autre quel qu'il soit. La réalité de l'acte pédagogique se révèle ici dans la mise en miroir nécessaire des élèves. Ces derniers doivent être amenés, au travers de la confrontation au savoir, à regarder, écouter, penser l'autre.

L'enjeu est important. D'autant plus que derrière cette question, se pose aussi une question d'humanité. Beaucoup d'enfants précoces, parce qu'ils ont été ignorés, parce qu'ils ont été rejetés dans leur particularité deviennent des adultes en souffrance, vivant dans les confins de la dépression, de la névrose. Habitués à devoir travailler avec acharnement pour répondre aux attentes des adultes, de l'école, certains vont surinvestir leur activité professionnelle au détriment de leur vie personnelle, et demeureront d'éternels « privés d'enfance ». D'autres, ayant le sentiment d'avoir toujours déçu les attentes d'autrui, traîneront leur vie durant une image négative d'eux-mêmes. D'autres encore, auront le sentiment d'avoir été pris dans une spirale néfaste où ils auront été amenés à s'oublier quelque peu. Il ne s'agit alors pas de leur histoire, mais de la conséquence du regard des autres, de la prépondérance des systèmes sur la réalité humaine.

L'enfant précoce interroge ainsi la société sur les valeurs qui la sous-tendent, mais également sur son avenir, dans la mesure où il se trouve étroitement lié à la part d'humanité qu'elle contient.

BIBLIOGRAPHIE

ADDA A., *Le Livre de l'enfant doué,* Solar, 1999.

AFEP, *La Précocité. Les chemins de la réussite,* Éd. Créaxion, 2000.

BERT J., *L'Échec scolaire chez les enfants dits « surdoués »,* Éd. J. Bert, 2000.

CHAUVIN R., *Les Surdoué,* Stock, 1996.

CHEVÈNEMENT J.-P., *Le Pari sur l'intelligence,* Flammarion, 1985.

GARANDERIE A. DE LA, CATTAN G., *Tous les enfants peuvent réussir,* Bayard/Éd. Centurion, 1988.

GARANDERIE A. de la, *Réussir, ça s'apprend,* Bayard/Éd. Centurion, 1994.

GARANDERIE A. de la, *La Motivation,* Bayard/Éd. Centurion, 1991.

GERIN S., *Et s'il était surdoué ?,* Marabout, 2000.

GOSSELIN B. ET M., *Surdoué et échec scolaire,* Le Sémaphore, 1999.

GRUBAR J.-C., DUYME M., CÔTE S., *La Précocité intellectuelle, de la mythologie à la génétique,* Mardaga, 1998.

LIEURY A., *La Mémoire de l'élève en 50 questions,* Dunod, 1998.

MERCHAT P.,CHAMONT, *J'ai dit précoce ? ou la nature de la précocité,* Lacour, 1987.

MILLER A., *L'Avenir du drame de l'enfant doué,* Presses Universitaires de France, 2002.

TERRASSIER J.-C., *Les Enfants surdoués ou la précocité embarrassante,* Éd. ESF, 1999.

TERRASSIER J.-C., *Guide pratique de l'enfant surdoué,* nouvelle édition, ESF, 1999.

WINNER E., *Surdoués - Mythes et réalités,* Aubier, 2001.

Des adresses

Association d'Aide à la Reconnaissance des Enfants Intellectuellement Précoces (AAREIP),
Centre socioculturel de l'Orgère,
38140 Rives,
Tél. 04 76 91 20 75.

Association Française pour les Enfants Précoces (AFEP),
13 bis, rue Albert-Joly,
78110 Le Vesinet
Tél. 01 34 80 03 90.

Association Nationale de Parents d'Enfants Intellectuellement Précoces (ANPEIP),
366, avenue de Fabron,
06200 Nice,
Tél. 04 93 88 40 16.

Association Loisirs Rencontres et Éducation pour les Enfants et adolescents Précoces (ALREP),
15, avenue Franklin-Roosevelt,
30 000 Nîmes.

Des sites Internet

www.douance.org
www.mensa.ch

046436-(II)-(1)-OSB 100°-NOC-MER

STEDI, 1, boulevard Ney, 75018 Paris
Dépôt légal, Imprimeur, n° 7699
Dépôt légal : décembre 2002
Imprimé en France
Dépôt légal 1re édition : mai 2002